家庭

微波美食

无油烟烹饪

家庭100%编委会 编

大象出版社

Contents 目录

5 清新蔬菜

23 浓郁肉食

39 醇鲜水产

47 香甜主食

55 雅致点心

1杯 = 240 毫升 =240 克
适量 = 可以依个人口味增减分量。
少许 = 略加即可，例如：放盐、花椒粉等调味料。
高汤 = 可以随自己的喜好选择自己喜爱的高汤，如鸡高汤、素高汤或排骨高汤，也可以用自己煮的骨头汤来代替。如果自己没时间熬高汤，可以用市场上卖的高汤块、鲣鱼粉、香菇海带粉等混合清水制出快速高汤。

奶油烤白菜

材料： 大白菜250克、洋葱半个、熏肉50克、熟土豆泥30克、奶油30克、奶酪丝30克、奶酪粉15克、香菜适量、牛奶70毫升。

调料： A.植物油、水、白糖、盐。 B.面粉、高汤、鸡精、胡椒粉。

做 法

1.将大白菜的叶片剖开洗净，切成块，加入调料A拌匀，覆盖保鲜膜扎孔，用微波中火加热3分钟待用。

2.将调料B拌匀备用；熟土豆泥、奶油和牛奶调成糊状备用；洋葱洗净切末备用。

3.熏肉切小块，与做法2备好的材料一起用微波高火加热2分钟，拌匀成油糊状备用。

4.另取一容器，将大白菜铺在底部，加入做法3的材料，撒上奶酪丝、奶酪粉，用微波高火加热2分钟放上香菜点缀即可。

贴心小提示

用微波炉烹饪蔬菜时，最好在菜上洒些水，这样可以使蔬菜成菜后口感更为鲜美。

家酿苦瓜

材料：苦瓜1根、肉末200克。

调料：A.盐、味精、香油、面粉、蒜末、葱末、料酒、酱油。
B.红辣椒末、豆豉、植物油、盐、白糖。

做法

1.苦瓜洗净，切成圆柱形，去子，以适量盐及面粉涂抹均匀备用。

2.将肉末及调料A搅拌均匀，混合成有黏性的肉馅。

3.取一盘子，底部抹上油待用。

4.将肉馅镶入苦瓜内，摆放在抹了油的盘子中，再加入调料B，用微波高火加热15分钟即可。

贴心小提示

在菜市选购原材料时，应挑选色泽较白且粗大的苦瓜，这样的苦瓜不会太苦。

豆芽凉拌青椒

材料： 豆芽150克、青椒15克、红甜椒15克、香菜1棵。

调料： A.盐、醋、酱油、料酒。 B.香油、醋。

做 法

1.青椒、红甜椒洗净，切丝；豆芽洗净。

2.在容器中放入做法1的材料，混入调料A拌匀。

3.盖上保鲜膜扎孔，用微波中火加热1分30秒，然后放入调料B拌匀，移到盘中即可。

贴·心·小提示

注意了！加热豆芽时一定要注意掌握好时间，八成熟即可。没熟透的豆芽往往带点涩味，加了醋即能去除涩味，又能保持豆芽爽脆鲜嫩。

番茄豆腐

材料：豆腐150克、番茄1个、豆芽100克、青椒2个、小黄瓜1根。

调料：碎芝麻、醋、酱油、白糖、葱末、豆瓣酱。

做法

1.洗净所有材料，青椒切丝；混匀调料备用。

2.将豆腐切成片，番茄切成薄片；小黄瓜纵切成两半，再斜切成片。

3.把青椒丝和豆芽混合后，用保鲜膜覆盖扎孔，放入微波炉中以中火加热1分钟。然后取出晾凉备用。

4.在容器中放入做法2和做法3的材料，然后放入适量调料即可。

贴心小提示

豆腐具有生津润燥、清热解毒的功效，营养价值较高。可豆腐虽好，却不能天天吃。中医认为，豆腐性偏寒，所以胃寒者和易腹泻、腹胀、脾虚者不宜多食。

金针菇菠菜

材料：金针菇罐头 1 罐、菠菜 80 克、柚子 50 克、白芝麻 15 克。

调料：酱油、盐、香油。

做 法

1.金针菇开罐后，取出，沥干备用；柚子皮去内膜，皮切丝备用。

2.将菠菜洗净，切成 3 厘米长的小段备用。

3.将金针菇和菠菜混合在一起，加入调料和白芝麻拌匀后放入微波炉中用中火加热 1 分 30 秒。

4.取出后盛入容器，放上柚皮丝即可。

贴心小提示

菠菜入菜前应该先用沸水烫软，水开后加一匙油，这样做可以去除菠菜中的草酸。草酸会妨碍人体对钙的吸收。

腐竹韭黄

材料：韭黄 150 克、腐竹 150 克。

调料：A.植物油、大蒜。 B.盐、味精、香油。

做 法

1.韭黄洗净，切成段；蒜切成末备用。

2.将腐竹放进温水中泡软，然后切成段备用。

3.在容器底部放适量调料A，微波高火加热 2 分钟。

4.将韭黄、腐竹放到加热过的容器里，加入调料B拌匀，微波高火加热2分钟，取出即可。

贴心小提示

当您烹饪的菜肴中有韭黄时，切记韭黄不能过熟，熟透的韭黄不仅会香味尽失，还会有一股臭臭的味道。要记住这点哦！

罗汉素斋

材料： 荷兰豆100克、菜花100克、番茄100克、小玉米笋70克、蘑菇50克、冬菇20克。

调料： 蚝油、植物油、蒜蓉。

做法

1. 冬菇、荷兰豆、菜花、番茄、小玉米笋、蘑菇洗净，冬菇、番茄切片，荷兰豆切段，菜花切成小块。

2. 用22厘米炖锅，放入微波炉内放适量油用高热爆香蒜蓉，加热约3分钟。

3. 加入浸软的冬菇和蚝油，用高火加热1～2分钟。

4. 拌入菜花、番茄、小玉米笋、蘑菇，并盖紧锅盖，用高火再加热3分钟。

5. 加入荷兰豆，加盖再用高火加热2分钟，取出即可。

贴心小提示

番茄剥了皮再入菜会比较好吃，看起来较精致。想要直接去皮可不是件容易的事情，用热水烫一下，就容易多了，但要注意火候，烫太久会熟烂。

冬笋烩鲜菇

材料： 冬笋1个、罐头金针菇80克、胡萝卜50克、新鲜香菇5朵、口蘑50克。

调料： 葱段、姜片、盐、胡椒粉、白糖、酱油、蚝油、植物油、香油、米酒。

做 法

1. 冬笋去壳洗净，切片；胡萝卜洗净切片备用。

2. 香菇、口蘑均洗净，以刀划出十字花纹备用；金针菇洗净。

3. 将所有调料倒入装有300毫升的水中拌匀，以微波高火加热5分钟后挑除葱姜。

4. 加入冬笋、胡萝卜、香菇、金针菇和口蘑后拌匀，以微波低火加热15分钟后取出即可。

贴心小提示

怎样洗净新鲜的香菇会比较方便呢？把香菇泡在水里，用筷子轻轻敲打，泥沙就会掉入水中。如果香菇比较干净，则只要用清水冲净即可，这样可以保存香菇的鲜味。

果蔬沙拉加蛋

材料：鸡蛋1个、生菜叶2片、小黄瓜1根、小番茄6个、西兰花60克、罐头玉米30克、牛奶10毫升。

调料：盐、胡椒粉。

做 法

1. 将生菜叶、小黄瓜、小番茄、西兰花分别洗净。将生菜铺在盘底，再放上切成段的小黄瓜和整个的小番茄备用。

2. 西兰花分成数小株，洒上少许水用保鲜膜包起来，用微波中火加热1分10秒，取出后散开待凉。

3. 在较深的容器中将鸡蛋打散，然后加入西兰花、玉米、牛奶和调料，混合均匀。

4. 不要盖保鲜膜，用微波高火加热1分钟，取出后搅拌一下。接着再加热30秒后再加以搅拌，如此反复直到鸡蛋达到想要的硬度，然后盛入到做法1的盘中即可。

贴心小提示

这道果蔬沙拉中用到了玉米，若用新鲜玉米粒则要先将玉米煮熟才行，煮时水里加少许盐会比较甜。当然，用超市里就能买到的罐头玉米更为方便，而且品质也不错。

京都排骨

材料： 排骨 300 克、洋葱 50 克、红椒 50 克、胡萝卜 25 克。

调料： A.葱末、姜末、酱油、白糖、松肉料、玉米粉、植物油。
B.香油、番茄酱、胡椒粉。

做法

1.排骨洗净沥干，切块后加入调料 A，搅匀并腌 1 小时 30 分钟备用。

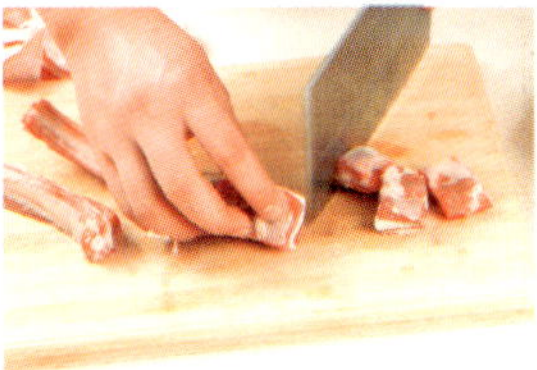

2.洋葱、胡萝卜洗净，切片；红椒洗净，切块备用。

3.植物油用微波高火加热 4 分钟，放入腌好的排骨用微波高火加热 6 分钟，中间取出翻面，再加热 4 分钟。

4.将做法 2 准备的材料和调料 B 加入做法 3 中拌匀，覆盖保鲜膜扎孔，用微波高火加热 3 分钟即可。

贴心小提示

做这道菜时要注意一点：排骨要腌得时间长一些，才能入味。

蒜苗腊肉

材料：腊肉200克、蒜苗3根、红辣椒1个。

调料：A.植物油。 B.酱油、白糖、米酒。

做 法

1.蒜苗洗净后，斜切成段，红辣椒洗净后，切片备用。

2.腊肉切片，放入水中用微波高火加热5分钟，取出备用。

3.将调料A与红辣椒片一起加热1分30秒。

4.放入蒜苗、腊肉及调料B拌匀，以微波高火加热3分30秒即可。

贴心小提示

1.蒜苗有助消化、杀菌的作用。并且含有丰富的维生素C，还含微量元素硒，有抗癌作用。

2.烹调过程中有时会使用米酒、料酒，这是因为酒能解腥起香。

生菜扒口条

材料：猪口条500克、生菜叶150克。

调料：酱油、料酒、植物油、姜块、白糖、盐、高汤。

做法

1.口条洗净，用酱油、料酒腌上备用；生菜叶洗净备用。

2.取一容器，倒入适量的油，放入腌好的口条，以微波高火加热5分钟，取出后沥干口条备用。

3.在容器内倒入油、姜块，以微波高火加热3分钟，加入料酒、白糖、酱油、盐、高汤。

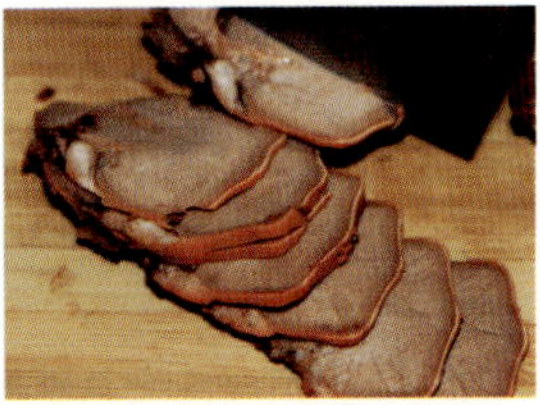

4.将口条放进汤内，用微波中火加热15分钟，取出后切片，放入铺上生菜叶的深盘即可。

贴心小提示

姜是许多菜肴中不可缺少的香辛调料，生姜加工成块或片，多数是用在炖、焖、煮、扒等烹调方法中，具有去除腥膻气味的作用。加工时，需用刀面拍松，使其裂开，便于姜味浸入菜中。

芥蓝牛肉

材料：芥蓝 200 克、牛肉 150 克、鸡蛋 1 个。

调料：蒜、植物油、水淀粉、酱油、味精、盐、白糖、醋。

做 法

1. 芥蓝洗净，用开水烫过后立即用冷水过凉，切成段后在盘中摆好备用。

2. 牛肉洗净横切成丝；将蛋清剥离出来备用。

3. 将做法 2 中的牛肉及蛋清与水淀粉一起拌匀，放进微波炉中加适量油以高火加热 3 分钟。

4. 加入芥蓝和剩余调料拌匀，盖上保鲜膜后，用微波高火加热 2 分钟即可。

贴心小提示

一般人用微波炉做菜，将菜放在炉里就不去理会了。其实中间对汤类搅拌，对肉片、牛排翻面，或对相互重叠较严重的食品进行重置，有助于增强烹饪效果。

烤香鸡腿

材料：鸡腿2只。

调料：植物油、葱段、姜片、胡椒粉、麦芽糖、红糟、酱油、米酒、蚝油、醋、香油。

做 法

1. 鸡腿洗净，用牙签在鸡肉上戳些洞，放入容器中，将一部分调料倒入拌匀，腌1小时备用。
2. 在微波专用烤盘上刷油，放上腌好的鸡腿，加入调料，以微波高火加热8分钟。
3. 再刷一次调料，以微波高火加热5分钟。
4. 将做法3的鸡腿翻面后，再一次刷上调料，以微波高火加热4分钟后即可。

贴心小提示

铝箔纸在微波烹调中有很大的作用。鸡翅尖、鸡胸或鱼头、鱼尾部，以及蛋糕的角端等部位，很容易烹调过度，使用铝箔纸遮裹，则可达到烹调均匀的目的。

葱油淋鸡

材料：鸡腿肉 500 克。

调料：葱、姜、高汤、植物油、盐、酱油、香油。

做 法

1.葱、姜洗净，切丝；将鸡腿肉洗净切成块，抹上酱油、盐后腌 5 分钟。

2.在做法1腌好的鸡肉块中加入少许香油，以微波高火加热 6 分钟后，将鸡块取出装盘备用。

3.植物油用微波高火加热 3 分钟，加入葱丝、姜丝、高汤，用微波高火加热 3 分钟，淋在盘中的鸡块上即可。

贴心小提示

用鸡肉做菜时想去除其腥味可先把它放在开水里烫透。因为鸡肉表皮受热后，毛孔会张开，这样可以排出一些表皮脂油，从而达到去除腥味的目的。

鸡柳串烧

材料：鸡柳 350 克、洋葱 100 克。

调料：番茄酱、醋、盐、胡椒粉、红糖、葡萄果酱。

做 法

1.鸡柳洗净，切小块；洋葱洗净，切丁。将调料和切成丁的洋葱一起装在容器里，以微波高火加热9分钟，做成酱汁。中途要移出搅拌3次。

2.将所有鸡柳串在烤肉针上备用。

3.取一空盘，在底部刷上油，把串好的鸡柳放入，以微波高火加热3分钟。

4.将做法1准备好的酱汁刷在鸡柳串上，放入微波炉中以中火加热8分钟即可。

贴心小提示

在加热结束时，把食物搁置在微波炉里一段时间或对有些食品添配一些佐料，如烹饪家禽肉类后，可浇些调味汁，或撒些辣椒粉、面包屑等，可达到加热所不能达到的满意效果。

东坡绣球

材料：猪肉馅500克、虾仁200克、香菇3朵、荸荠6粒、鸡蛋1个。

调料：A.盐、味精、胡椒粉、香油、水淀粉。 B.植物油。

做法

1.用盐抓洗虾仁，然后沥干水分，剁成泥状；香菇洗净切成细末；荸荠洗净拍碎；将这些材料与肉馅混合，加入少许调料A充分拌匀。

2.取一空盘，刷上调料B，将鸡蛋打散后倒入盘中铺平，以微波高火加热4分钟，成蛋皮后切成细丝。

3.肉馅捏成球状，滚上蛋皮丝，入微波以高火加热10分钟。

4.在剩余的调料A内加150毫升水，以微波高火煮沸，然后淋在蛋球上即可。

贴心小提示

味精中的主要成分谷氨酸钠具有治疗慢性肝炎、神经衰弱、胃酸缺乏等病的作用。虽然味精对人体没有直接的营养价值，但它能增加食品的鲜味，能引起人们的食欲！

糖醋鱼

材料：草鱼1条、青椒1个、洋葱100克。

调料：A.高汤、米酒、葱、姜。B.酱油、白糖、醋、盐、香油、水淀粉、油。

做 法

1.草鱼去鳞、鳃、内脏后洗净，侧面各划几刀。

2.将洋葱及调料A的葱、姜和青椒分别洗净后，切丝备用。

3.容器中加入油及调料A中的高汤、米酒，用微波高火加热5分钟后淋在鱼上，撒上葱丝、姜丝，再以微波高火加热5分钟，翻面再加热5分钟，将鱼取出放入盘中。

4.拌匀调料B，以微波高火加热2分30秒，取出淋在鱼身上，再用微波高火加热3分钟即可。

贴心小提示

处理鱼类时，如果不小心弄破了苦胆，鱼肉吃起来就会有令人难以下咽的苦腥味。若及时用白酒洗刷鱼身，就不会有苦腥味了。

清蒸鱿鱼

材料：干鱿鱼2条、红辣椒1个。

调料：姜、蒜、白糖、酱油、醋、香油。

做法

1.先将鱿鱼放入清水中浸泡4小时，把泡软后的鱿鱼放入碱水内泡3小时，再捞出放入清水中洗净。

2.鱿鱼斜刀刻花，装盘后覆盖保鲜膜扎孔，以微波高火加热6分钟。

3.红辣椒洗净，切丝；姜、蒜洗净，剁成末备用。

4.将所有调料与做法3中准备好的材料混匀，淋在鱿鱼上即成。

贴心小提示

如果发现煮完食物后，微波炉内有残留的气味，可以倒一碗清水加上新鲜柠檬汁稀释，然后放进微波炉加热，炉内便有阵阵的清新柠檬香了。

醉虾

材料：活草虾 250 克。

调料：米酒、盐、味精、香油、葱、姜。

做 法

1.草虾用清水洗净泥沙，剪去虾枪、须、脚，剔去泥肠，放入盘中。

2.将葱、姜洗净，姜切片，葱切段，均匀地摆在虾上。

3.将虾放入容器中，倒入米酒、盐、味精、香油，覆上保鲜膜扎孔，用微波高火加热 3 分钟即可。

贴·心·小提示

虾极易熟，不宜在微波炉里加热太长时间，以免过老。

海鲜汤

材料：蛤蜊 200 克、洋葱 100 克、鲜鱼片 12 片、虾仁 12 只、豌豆苗 60 克、番茄 1 个。

调料：葱段、姜片、植物油、盐、面粉、水淀粉、胡椒粉、料酒。

做 法

1. 将所有材料洗净，洋葱切碎，番茄切丁备用。

2. 虾仁加入盐、面粉抓拌，然后加入水淀粉及胡椒粉腌 10 分钟备用。

3. 将做法1准备好的洋葱、番茄和葱段、姜片，加少许油放入微波炉专用容器内，覆盖保鲜膜，用竹签戳几个小孔后，以微波中火加热 2 分钟取出。

4. 挑除葱、姜，加入虾仁、蛤蜊、鲜鱼片及适量热开水和料酒，拌匀后用盖子密封，以微波高火加热 4 分钟至蛤蜊壳打开后，再加入豌豆苗及盐和胡椒粉拌匀即可。

贴心小提示

蛤蜊一定要用盐水泡过，才能使它吐净污水。注意浸泡蛤蜊时水不能太满，薄薄盖过即可，水太多反而不利泥沙吐出。

番茄芙蓉焗饭

材料：米饭150克、豆腐150克、番茄100克、猪里脊肉片50克、洋葱半个、鸡蛋1个、奶酪丝40克。

调料：A.奶油。 B.酱油、番茄酱、白糖、水淀粉。

做 法

1.在微波炉专用的器皿内抹上一层奶油后，将饭平铺在上面备用。

2.洋葱洗净切丝，番茄洗净切块，再与洗净的猪里脊肉片及调料B混合，用微波高火加热3分钟后备用。

3.豆腐洗净切成三角片状，铺在饭的周围，放上做法2准备的材料。

4.将做法3的器皿放入稍大的容器中，再将鸡蛋打在正中央，撒上奶酪丝，以隔水加热的方式，用微波高火加热3分钟即可。

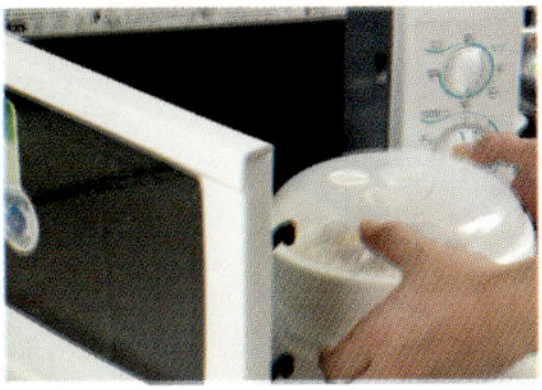

贴心小提示

隔水加热可使原料的鲜香味不易散失，制成的菜肴色、香、味俱全，如果是汤品，则汤汁清澄，美味可口。

烤猪扒饭

材料：猪扒（即猪里脊块）2块、米饭350克、鸡蛋1个、番茄1个、蘑菇5朵、洋葱50克、青豆50克、胡萝卜25克。

调料：A.葱、蒜、酱油、白糖、米酒、植物油。 B.盐、鸡精、番茄酱、高汤、水淀粉。

做 法

1.猪扒洗净，用刀拍松后，加调料A腌15分钟；番茄、蘑菇、胡萝卜、洋葱均洗净切成粒。

2.取一空盘，倒入植物油用微波高火加热1分钟，将猪扒放在热油里用高火加热1分钟，取出翻面后再加热30秒，然后切成长方条状。

3.鸡蛋打散，加少许盐，与白饭混合拌匀，微波高火加热1分钟，取出来搅拌一次，再以高火加热1分钟，将加热后的饭与洋葱粒拌匀备用；将调料B与做法1中切成粒的材料以及青豆混合拌匀，覆盖保鲜膜（留一开口处）后以高火加热2分钟，做成芡汁。

4.将饭放入深碗内，摆上猪扒，淋上芡汁，覆盖保鲜膜（留一开口处）用高火加热2分钟即可。

炸酱面

材料：猪肉馅150克，胡萝卜20克，豆腐干50克，黄瓜、豆芽各少许。
调料：甜面酱、豆瓣酱、冰糖、植物油。

做 法

1.豆芽洗净，过开水烫熟；胡萝卜洗净切丁；黄瓜洗净切丝备用。

2.将肉馅、豆腐干、植物油和胡萝卜丁一起放入容器中，加500毫升水，以微波高火加热2分钟，加入甜面酱、豆瓣酱和冰糖，以高火加热5分钟即成炸酱。

3.将面条下锅煮好，过冷水后备用。

4.碗中放入做法3煮好的面条，加入黄瓜丝和豆芽，加入做法2的炸酱即可。

贴心小提示

炸酱面好吃与否的关键在于酱，炸酱里的肉不能是精瘦的肉，最好是肥肉占到60%以上的肉馅。

香菇烧麦

材料：馄饨皮15张、猪肉馅200克、熟糯米100克、香菇3朵、胡萝卜50克。

调料：A.盐。 B.盐、胡椒粉、米酒、香油、葱、姜、酱油。 C.醋。

做法

1.胡萝卜、葱、姜一起洗净，剁成末，放入碗中加入调料A拌匀后备用。

2.香菇洗净切成末，与肉馅及调料B拌匀并摔打成有黏性的馅料备用。

3.馄饨皮各包入15克做法2准备的馅料及蒸熟的糯米，由手掌虎口处向中间捏紧成褶状，做成烧麦。

4.在微波炉专用的蒸笼内刷上油，将烧麦置入，表面洒少许水和调料C，以隔水加热的蒸法，用微波高火加热15分钟即可。

贴心小提示

蒸糯米之前，应先将糯米浸泡若干小时，然后用煮沸过的开水蒸。直接用自来水会使米的营养大量流失，而用开水则可以保存糯米内原有的营养。

火腿沙拉三明治

材料：面包片4片，鸡蛋2个，方形火腿片、生菜叶各适量，番茄1个。

调料：沙拉酱、盐。

做 法

1. 取1片面包片，用杯子做模型将面包片压成中空，圆片留用。

2. 用盐水洗净生菜叶；番茄洗净切片备用。

3. 打开微波炉用高火预热3分钟，放1片面包，再放上一片中空的面包片，将鸡蛋打入中空处，盖上一片火腿，再以一片面包片覆盖，用高火加热40秒，反面再加热40秒后取出。

4. 掀开最上面的面包片，加上生菜叶、番茄片、沙拉酱，对角切成三角形即可。

贴心小提示

做这道营养丰富的早餐时，记得要用牙签在鸡蛋上面戳几个孔，这样做鸡蛋较容易熟。

茶碗蒸

材料：鸡蛋1个、虾仁4个、鸡胸肉30克、香菇2朵、香菜适量。

调料：高汤、盐、酱油。

做 法

1. 鸡胸肉洗净切成小薄片；香菇泡洗好，切薄片备用；香菜洗净，切碎。

2. 鸡蛋打散，加入调料后混合均匀。

3. 在容器中放入虾仁、切好的鸡胸肉、香菇，再加入做法2准备好的蛋汁，然后盖上铝箔纸，在铝箔纸中间开个洞，用微波高火加热3分钟。

4. 食用时放上切碎的香菜末即可。

贴心小提示

切勿用微波炉煮带壳的生鸡蛋，以免引起爆炸；用铝箔纸，可达到烹调均匀的目的。

酸奶鲜果蛋糕

材料： 原味酸奶 1 罐、蓝莓酱 1 罐、猕猴桃 3 片、红樱桃 4 个、鸡蛋 2 个。

调料： A.砂糖。B.面粉、玉米粉。C.鲜奶油、牛奶。D.柠檬汁。

做 法

1. 红樱桃洗净；将调料 A 放入容器中，打进两个鸡蛋搅拌至砂糖完全融化、鸡蛋完全打散。

2. 打散的鸡蛋中加入已经过筛的调料 B，用筷子搅拌成面糊状。

3. 取一小部分做法2的面糊，加入1/2的调料C拌匀，再加入剩下的面糊，充分搅拌均匀后加入调料D拌匀，倒入模具中，覆盖保鲜膜扎孔，以隔水加热的方式，用微波高火加热 15 分钟即成蛋糕。

4. 将蛋糕周围和底部涂上奶油放入器皿中，上面再涂一层奶油，然后将剩余的调料C、蓝莓酱、原味酸奶、猕猴桃片、红樱桃装饰在蛋糕上即可。

贴心小提示

这款点心中的猕猴桃、樱桃等水果，可用其他水果代替，完全可以依循个人喜好而定。

鸡蛋布丁

材料：鸡蛋2个。

调料：A.砂糖。B.香草精、牛奶。C.果冻粉、砂糖。

做法

1.将调料A对水后搅拌均匀，覆盖保鲜膜，以牙签戳几个小孔，以微波高火加热3分钟变成浓稠状后，倒入布丁模型中备用。

2.调料B上覆盖保鲜膜，以微波中火加热1分15秒取出，打入鸡蛋清混合均匀。

3.将调料C及水搅拌均匀，覆盖保鲜膜，以牙签戳几个小孔，用微波高火加热3分钟后取出，与做法2的材料混合。

4.做法3的材料用筛网过滤后，覆盖保鲜膜，同样以牙签戳几个孔，用微波高火加热2分钟，倒入做法1的模型中，待凉后移至冰箱内冷藏即可。

贴心小提示

超市里可以买到果冻粉，一般常见的是草莓、香橙、葡萄等口味，有多种果冻粉可供选择。制作过程中要注意粉和水的比例，如果水放少了会太甜，而粉少了则不会凝固。

糖渍菠萝

材料：菠萝 600 克。

调料：白糖、柠檬片、白兰地。

做 法

1.菠萝洗净削去头尾、外皮，切成厚片。

2.在容器内放入菠萝片，加入白糖、白兰地、柠檬片及 350 毫升水，加盖用微波高火加热 8 分钟，再转用微波中火加热 10 分钟。

3.取出菠萝片晾凉。

4.放入冰箱内冷藏，装盘即可。

贴心小提示

菠萝中含有对口腔黏膜有刺激作用的物质，因此应在盐水或糖水中浸渍后再吃。另外，菠萝性凉，所以低血压的人应少吃或不吃。

白菜千层卷

材料：猪肉馅150克、白菜叶5片、鸡蛋1个。

调料：A.盐、味精、水淀粉、胡椒粉、姜粉、高汤。B.香油。

做法

1.白菜叶洗净，剔除菜梗，用沸水烫软。

2.将猪肉馅与鸡蛋和调料A一起搅拌均匀。

3.将菜叶铺在案板上，铺一层肉馅，铺一层白菜叶，再铺一层肉馅，再铺一层菜叶，卷成卷儿。

4.将卷好的菜卷放入盘中，覆盖保鲜膜扎孔，用微波高火加热4分钟，取出后切成2厘米长的小段，切口朝上装盘，淋上调料B即可。

贴心小提示

注意肉馅要搅拌成黏稠状，不要调得太稀，否则不好卷。

豆瓣茄子

材料：茄子1个、火腿15克、海米5克。

调料：A.蒜。B.醋、盐、白糖、酱油、香油、豆瓣辣酱。

做法

1.茄子洗净去蒂，纵切成4半，放入水中浸泡5分钟去涩味。

2.海米泡软，切成末；火腿切末。

3.将做法2的材料与茄块拌匀，覆盖保鲜膜扎孔，以微波高火加热4分钟。

4.将调料A捣成泥，加入调料B混合拌匀，淋在做法3的茄块中，待凉后即可。

贴心小提示

茄科食物中均含有植物碱，这种碱会抑制关节修复，类风湿性关节炎的患者不宜多吃！

青红甜椒

材料：豆腐200克、冬菇100克、青甜椒3个、红甜椒3个、鸡蛋1个。

调料：盐、植物油、白糖、水淀粉、胡椒粉、酱油、高汤。

做 法

1.甜椒洗净，去子备用；豆腐洗净捣碎，冬菇洗净切碎，加入鸡蛋、胡椒粉、水淀粉及适量盐拌匀成馅。

2.将馅挨个塞入甜椒内，摆在盘中淋上植物油，覆盖保鲜膜扎孔，以微波高火加热5分钟取出。

3.另取一容器加入高汤、白糖和酱油，用高火加热1分钟，然后趁热浇在甜椒上即可。

贴心小提示

甜椒含有丰富的维生素、胡萝卜素、钙、铁，在营养价值上要胜过常见的青椒。

五色什锦

材料：青辣椒、红辣椒、洋葱各2个，腊肉、香肠各100克，冬笋50克。

调料：蒜、葱、植物油、盐、白糖、胡椒粉各适量。

做 法

1.青红辣椒、洋葱、冬笋、葱洗净，切丝备用。

2.腊肉、香肠切片；蒜洗净拍松。

3.取一空盘，加入油和蒜，用微波高火加热2分30秒。将做法1的材料和腊肉、香肠混合，覆盖保鲜膜扎孔，以高火加热3分钟，取出后加入白糖和胡椒粉拌匀即可。

贴心小提示

葱和蒜营养丰富，不仅具有降血脂、降血压的作用，还有补脑的功效。

香菇菜心

材料：香菇 20 克、菜心 15 棵。

调料：A.味精、胡椒粉、盐、植物油、高汤。 B.水淀粉。

做 法

1.菜心洗净，用开水焯一下，捞出后备用。

2.香菇洗净，用水浸软，切成块。

3.将调料 B 用微波高火加热 1 分钟成芡汁。

4.取一空盘，将菜心沿着盘子摆成一圈，加入香菇、芡汁和调料 A，覆盖保鲜膜扎孔，以高火加热 5 分钟即可。

贴心小提示

人体所需的氨基酸有8种，而香菇占了其中的7种，所以多吃香菇对人体大有益处。

香菇炒豆苗

材料：豆苗 250 克、香菇 8 朵。

调料：A.蚝油、白糖、香油、高汤。 B.料酒、盐、葱段、植物油、高汤。

做 法

1.葱段和油装盘，以微波高火加热 3 分钟。

2.香菇泡软后洗净，与调料 A 及一半做法 1 爆香的葱油混合，以高火加热 6 分钟。

3.豆苗洗净装盘，拌入剩余的葱油及调料B，以高火加热4分30秒。

4.豆苗垫底，排好煮熟的香菇即可。

贴心小提示

香菇营养丰富，可防治皮肤干燥、益气和血。在冬季，香菇是女士们的贴心补品。

蚝油黑木耳

材料：水发黑木耳350克。

调料：蚝油、蒜、植物油、味精、盐。

做法

1.将黑木耳洗净，沥干备用。

2.蒜洗净剁碎备用。

3.取一空盘，放入油、蒜末，以微波高火加热2分钟。

4.加入黑木耳、蚝油、盐和味精拌匀，覆盖保鲜膜扎孔，以高火加热2分30秒即可。

贴心小提示

木耳分黑木耳与白木耳（银耳）两种，是极佳的滋补品。古时富人家都习惯炖燕窝吃以滋阴润肺，事实上木耳无论口感或营养成分均不输给燕窝！

番茄炒鸡蛋

材料：番茄2个、鸡蛋2个。

调料：植物油、盐、白糖、葱。

做法

1.番茄洗净切块，葱斜切成段。

2.鸡蛋打入碗中打散。

3.取一空盘，放入油，以微波高火加热2分钟。

4.将做法1的材料、鸡蛋液、盐和白糖加入搅匀，以微波高火加热2分钟后取出搅拌，再以高火加热2分钟即可。

贴心小提示

在炎热的夏天，番茄是比防晒霜更好的防晒工具。因为番茄富含抗氧化剂番茄红素，每天摄入15毫克番茄红素可将晒伤的危险系数下降40%。另外，吃熟的番茄比生吃效果更好！

酿黄瓜

材料： 黄瓜2根、豆腐200克、鸡蛋1个。

调料： 盐、味精、淀粉、水淀粉、胡椒粉、香油、高汤。

做 法

1. 豆腐捣碎，与鸡蛋、盐、淀粉、味精和胡椒粉拌匀成馅。
2. 黄瓜去皮，洗净，挖去瓤，将做法1的材料镶入黄瓜内，覆盖保鲜膜扎孔，以微波高火加热5分钟取出，切成段摆在盘中。
3. 高汤用高火加热1分钟，将水淀粉倒入汤中，用高火加热40秒。
4. 将做法3的材料浇在豆腐上，淋上香油即可。

贴心小提示

在您的日常生活中，一旦有了微波炉，就一定少不了保鲜膜。使用保鲜膜时，尽量不要让保鲜膜直接接触食物。在取出食物前，可将保鲜膜刺破，以避免它粘到食物上。

土豆饼

材料： 土豆250克、鸡蛋1个、面包粉70克、面粉60克。

调料： 胡椒粉、盐、植物油、奶油、黄油。

做 法

1. 鸡蛋磕入碗中打散。
2. 土豆洗净，用保鲜膜包好，以微波高火加热8分钟，趁热剥皮捣成土豆泥。加入盐、胡椒粉、面粉和奶油，捏成面团，做成一个个土豆饼，蘸上鸡蛋液，将两面都粘上面包粉。
3. 取一空盘，倒入植物油和黄油，放入土豆饼，以高火加热3分钟，翻面再加热3分钟，直至两面呈金黄色即可。

香菇土豆泥

材料：猪肉100克、土豆2个、鸡蛋1个、香菇2朵。

调料：盐、黄油、味精。

做法

1.土豆洗净去皮，切成块，放入微波炉中加热8分钟，取出后捣成泥。

2.香菇、猪肉切成丁，蛋黄打散备用。

3.将所有调料倒入土豆泥中拌匀。

4.将做法2备好的材料放入土豆泥中，覆盖保鲜膜扎孔，用高火加热2分钟，取出即可。

贴·心·小提示

土豆洗净后直接放入微波炉中加热几分钟即可轻易去掉土豆皮。另外，喜欢吃甜食的朋友可以把猪肉、盐换成水果和白糖试试看。

干煸四季豆

材料：四季豆200克、肉丝100克。

调料：蒜末、葱末、辣椒末、酱油、白糖、香油、水淀粉、胡椒粉。

做法

1.四季豆洗净，切段。

2.将适量的油倒入盘中以微波高火加热2分钟。加入调料，以高火加热1分钟。

3.将肉丝倒入拌匀，以高火加热2分钟。

4.取出后加入四季豆，混匀后再以高火加热3分钟即可。

贴·心·小提示

烹饪四季豆、鲜蚕豆、黄花菜等食物时一定要焖熟，否则很容易引起食物中毒，须小心谨慎。

笋尖焖肉

材料：竹笋250克、五花肉250克、豆腐乳2块。

调料：A.盐、味精、料酒、白糖。B.酱油、蒜末。

做 法

1.竹笋去壳洗净，将笋尖切成滚刀块，放入容器内覆盖保鲜膜扎孔，以微波高火加热4分钟。

2.豆腐乳搅碎备用。

3.五花肉洗净切成块，加入调料B拌匀。

4.取一深盘，加入笋尖、五花肉、豆腐乳及调料A拌匀，覆盖保鲜膜扎孔，以高火加热8分钟即可。

贴·心·小提示

选购竹笋时以弯曲如牛角形、外表光滑略带金黄色、切面洁白的为佳，而且越弯越好，若是笋尖呈绿色，则说明这是一个长过了头的笋，千万不要买！

椒盐百花鲜笋

材料：竹笋160克、肉馅50克。

调料：A.酱油、香油、盐、白糖、淀粉、葱丝、红辣椒。B.植物油。

做 法

1.竹笋洗净切片与调料A混合拌匀。

2.取一空盘，放入油，以高火加热2分钟。

3.将做法1的材料倒入盘中，以高火加热5分钟。

4.将肉馅放入做法3中拌匀，以高火加热2分钟即可。

贴·心·小提示

夏天的绿竹笋常带苦味，可将竹笋切开，挖掉底部中空处的白色粉末，就不会有苦味了！

油渍雪菜

材料：雪菜300克、猪肉200克、鸡蛋1个。

调料：酱油、白糖、味精、淀粉、植物油、红辣椒、葱段。

做法

1.雪菜、红辣椒洗净切丝，猪肉洗净切丝备用。

2.鸡蛋取蛋清，将蛋清与酱油、白糖、味精、淀粉混合，放入肉丝拌匀。

3.取一容器，倒入油，以微波高火加热2分钟，放入红辣椒丝、葱段，高火加热1分钟，放入肉丝，再以高火加热2分钟。

4.放入雪菜拌匀，以高火加热3分钟即可。

贴心小提示

雪菜又名雪里蕻，多数人喜爱腌着吃，腌后可以炒热菜、拌凉菜，也可作配菜。

芝士菜花

材料：菜花1棵、牛奶300毫升、干酪100克、面包屑20克、香菜1棵。

调料：黄油、盐。

做法

1.将菜花洗净，在开水里焯一下，加入盐，以微波高火加热6分钟。

2.香菜洗净切末，干酪切末备用。

3.沥干菜花上的水分，倒入牛奶和香菜末，撒上面包屑、干酪末、黄油，以微波高火加热5分钟。

4.取出后冷却5分钟即可食用。

贴心小提示

这道菜中的菜花要事先焯过，不要在微波炉中加热时间过长。另外，可依个人喜好加入番茄酱。

油麦嫩豆腐

材料：豆腐200克、猪肉馅100克、油麦菜1棵。

调料：A.豆瓣酱、姜末、植物油。
B.酱油、料酒、高汤、水淀粉。
C.香油、葱末、花椒粉。

做 法

1.油麦菜洗净切段，豆腐切块。

2.取一容器，放入肉馅和材料A，拌匀后以微波高火加热5分钟。

3.将调料B均匀地淋在豆腐块上，覆盖保鲜膜扎孔，以高火加热5分钟。

4.取出后加入调料C即可。

贴心小提示

油麦菜是一种低热量、高营养的蔬菜，可以凉拌、热炒、涮食。它不仅口味独特，还具有降低胆固醇、治疗神经衰弱和清燥润肺的功能，多吃有益健康。

素酿南瓜

材料：南瓜1个、冬菇3个、香菇3个、竹笋100克、粉丝100克、胡萝卜50克、榨菜20克。

调料：盐、味精、胡椒粉、高汤。

做 法

1.南瓜洗净，上部近蒂处横切去1/4做盖，去瓤，用勺子挖出瓜肉，放一容器中，加适量水。

2.冬菇、香菇、竹笋、胡萝卜和榨菜洗净切丝，粉丝浸软，切成小段备用。

3.将做法2的材料和所有调料放入盛放瓜肉的容器中，覆盖保鲜膜扎孔，以微波高火加热5分钟。

4.取出后放在南瓜里，盖上瓜盖；用保鲜膜密封住瓜盖，用牙签戳几个出气孔，以高火加热7分钟即可。

奶油胡萝卜

材料：胡萝卜250克、香菜1棵、杏仁片50克。

调料：鲜奶油、白糖。

做法

1.胡萝卜去皮洗净，切成条状；香菜洗净切末。

2.取一容器，放入做法1中备好的胡萝卜，拌入白糖和少许水，覆盖保鲜膜扎孔，以微波高火加热6分钟，取出后沥干水分备用。

3.加入香菜末、鲜奶油，以高火加热1分钟。

4.撒上杏仁片即可。

贴心小提示

杏仁片是经过精挑细选的上好杏仁，脱皮、去苦后加工而成的食品原料，可直接食用。

三丁茭白

材料：青椒150克、猪肉100克、茭白150克。

调料：A.盐、料酒、淀粉。
B.白糖、味精、盐、植物油。

做法

1.猪肉洗净切丁；茭白、青椒洗净切丁备用。

2.将肉丁与调料A拌匀，腌渍5分钟。

3.在做法2中加入茭白、青椒丁，拌入调料B，覆盖保鲜膜扎孔，以高火加热4分钟。

4.中途翻炒一次，取出即可。

贴心小提示

江南三大名菜之一的茭白，不但营养丰富、味道鲜美，还具有清热解毒及催乳汁等功效。

糖醋圆白菜

材料： 圆白菜450克、洋葱180克、腌肉100克、胡萝卜80克、青椒80克、橘子1个。

调料： A.醋、酱油、料酒、白糖、番茄酱。B.水淀粉。

做法

1.圆白菜洗净，切片。

2.洋葱、胡萝卜、青椒、腌肉洗净切成丁备用；橘子压成汁。

3.将做法2备好的材料与调料A混匀，加入圆白菜片，以微波高火加热8分钟。

4.倒入调料B，加热4分钟取出即可。

贴心小提示

烹饪过程中，加入水淀粉后，要从微波炉中取出菜搅动均匀，使菜汤看上去浓稠一些。

酸菜豆芽

材料： 豆芽200克、酸菜200克、红辣椒1个、韭菜2棵。

调料： 盐、味精、胡椒粉、白糖、植物油、姜。

做法

1.豆芽洗净备用。

2.韭菜洗净切成段，酸菜洗净切丝备用。

3.姜、红辣椒洗净切丝备用。

4.取一空盘，放入所有材料和调料搅匀，覆盖保鲜膜后扎孔以微波高火加热3分钟即可。

贴心小提示

豆芽可以称得上是最便宜的蔬菜，它不但能有效地治疗口腔发炎或口臭，而且营养价值和肉类相同。

酱醋茄子

材料：茄子400克。

调料：酱油、辣椒油、香油、醋、花椒粉、盐。

做法

1.茄子洗净，去蒂切成块。

2.容器内放入茄子块，覆盖保鲜膜扎孔，用微波高火加热8分钟。

3.取出后排入一空盘中，放入所有调料后，覆盖保鲜膜扎孔，微波中火加热2分钟。

4.放入冰箱内冷却即可。

贴心小提示

茄子入菜前先用盐水浸泡几分钟，这样做可以去除涩味。

菜心炒玉片

材料：芥菜心400克、干贝5粒。

调料：A.盐、料酒。 B.姜汁、水淀粉。C.植物油。

做法

1.干贝中加入水，加盖密封，用微波高火加热5分钟，取出后，把干贝撕成丝；汤汁备用。

2.芥菜心洗净切块，与调料C一同放入容器中加热4分钟，取出后浸入凉水中，冷却以后摆入盘中。

3.将做法1中备好的汤汁与调料A混匀，用高火加热3分钟。

4.倒入干贝丝和调料B，用高火加热1分钟，成芡汁后淋在芥菜上即可。

贴心小提示

这款菜的主料是芥菜心，注意火候一定要掌握好，以保持芥菜的清香和特有的微苦味。芥菜有利肠开胃的功效，可入药。

凉拌芦荟

材料：芦荟4片、小黄瓜2条。

调料：A.醋、蒜汁、香油、胡椒粉。
B.豆瓣酱。

做法

1.芦荟去刺、去皮洗净，切成片状；小黄瓜洗净切丝备用。

2.将切好的芦荟用开水烫一下。

3.将芦荟片放入盘中，加入调料B拌匀，覆盖保鲜膜扎孔，以微波中火加热1分钟。

4.把切好的黄瓜丝撒在芦荟上，淋上调料A搅匀即可。

贴心小提示

这款菜的主要调料是醋，而主要材料则是芦荟。醋可以帮助胃肠蠕动，增进食欲，而芦荟可以发挥中和醋酸的作用。

麻辣芹菜叶

材料：芹菜3棵、红辣椒1个。

调料：A.盐、味精。
B.香油、醋。

做法

1.芹菜洗净，留下菜叶备用；红辣椒洗净。

2.将芹菜叶用沸水焯一下。

3.将红辣椒切成丝，与芹菜叶混匀，拌入调料A，覆盖保鲜膜扎孔放入微波炉中用高火加热1分钟。

4.取出后淋上调料B即可。

贴心小提示

俗话说：家厨眼中无废料。很多人只吃芹菜杆，其实芹菜叶的降压效果很好，营养成分很高，而且滋味爽口。

素三冬

材料： 冬菇50克、冬笋2根、冬菜50克。

调料： A.植物油。B.盐、味精、白糖、酱油、淀粉。C.香油。

做法

1.冬菇泡软，洗净切块；冬菜洗净切段；冬笋洗净切薄片备用。

2.将调料A倒入做法1中备好的材料内，密封后以微波高火加热3分钟。

3.加入调料B搅动均匀，用高火加热7分钟。

4.取出后淋上调料C即可。

贴心小提示

冬菜是用菜帮薄、筋细、含糖多的优质大白菜，晒干后拌上适量的盐和蒜泥，装坛封口经长时间自然发酵而制成。

洋葱煎蛋

材料： 洋葱1个、鸡蛋2个、青椒1只、红椒1只。

调料： A.盐、胡椒粉、番茄酱。B.黄油。C.植物油。

做法

1.青椒、红椒、洋葱均洗净切成丝。

2.鸡蛋打散备用。

3.取一空盘，在盘底倒上调料C，放入微波炉中以高火加热4分钟，倒入做法1备好的材料及调料A拌匀。

4.重新取一空盘，倒入调料C，先用高火加热5分钟，再倒入做法2备好的蛋汁，用高火加热1分30秒，加入做法3拌好的材料及调料B，用高火加热30秒即可。

贴心小提示

做好这道菜需靠个人灵活调整时间。

干酪菠菜

材料：菠菜400克、干酪30克、牛奶少许。

调料：A.植物油、水、白糖、盐。B.高汤、鸡精、胡椒粉。

做 法

1.将干酪切丝待用；菠菜洗净切成段，用沸水焯烫后过凉。

2.取一容器，将菠菜和调料A放入混匀，以微波中火加热2分钟。

3.取出后加入调料B和牛奶，撒上干酪丝，放回微波炉中加热1分钟即可。

贴心小提示

焯绿色蔬菜时，可在水中加入几滴植物油，便可使蔬菜光亮翠绿。

火腿冬瓜盒

材料：冬瓜800克、火腿100克、香菇7朵。

调料：高汤、盐、料酒、水淀粉、香油。

做 法

1.冬瓜去皮、瓤，洗净切片，再从中间切成连刀片（即不切断）。

2.火腿切片，逐个夹入冬瓜片中，装盘后淋上高汤，以微波高火加热10分钟。

3.取一深盘，倒入高汤，放入香菇，以高火加热8分钟，取出后排放在冬瓜旁边。

4.高汤加入盐、水淀粉和料酒，以高火加热3分钟后与香油一起淋在冬瓜上即可。

贴心小提示

冬瓜盒的特点是冬瓜酥软、火腿鲜香，但要注意一点，用微波炉烹饪这道菜一定要用高火加热。

干贝炖萝卜

材料：萝卜1根、干贝50克。

调料：植物油、白糖、料酒、水淀粉、盐、高汤。

做 法

1.萝卜洗净横切成片备用。

2.取一微波炉专用锅，把洗净的干贝倒入，用200毫升开水泡涨备用。

3.将萝卜放入泡着干贝的锅里，加入高汤、植物油、料酒，加盖后用微波高火加热10分钟，再转中火加热15分钟。

4.将白糖、盐、水淀粉拌匀，加入锅内，用高火加热1分钟即可。

贴心小提示

此菜为徽州传统佳肴，其特点是清淡、爽口、助消化，在酒席中有醒酒的功效。

紫菜鸡蛋汤

材料：油菜20克、紫菜15克、鸡蛋2个。

调料：味精、盐、植物油、高汤。

做 法

1.紫菜用冷水泡开，洗净备用。

2.油菜择好洗净，鸡蛋打散备用。

3.取一空盆，倒入高汤、紫菜和油菜，以微波高火加热5分钟。

4.加入鸡蛋、盐、油，以微波高火加热2分钟，取出添加味精即可。

贴心小提示

若经冷水浸泡后的紫菜呈蓝紫色，说明您买回的紫菜并不卫生，这种紫菜对人体有害，千万不要食用啊！

蒜泥白肉

材料：五花肉300克。

调料：葱、姜、蒜、白糖、醋、酱油、辣椒油、植物油。

做法

1.五花肉洗净；将葱、姜洗净切片，与五花肉混匀备用。

2.取一空盘，倒入油，将做法1的材料放入空盘中，以微波高火加热4分钟。

3.取出五花肉后切成薄片装盘。

4.将蒜捣成泥，与白糖、醋、酱油、辣椒油混合拌匀，淋在五花肉上即可。

贴心小提示

最好挑选肥瘦相间、层次分明的五花肉，肉片要切得很薄，这样就没有了肥肉的腻和瘦肉的韧，吃起来格外好吃！

东坡肉

材料：五花肉450克。

调料：葱、姜、料酒、酱油、白糖。

做法

1.将五花肉处理干净，放入开水中焯一下，用冷水洗净。

2.将五花肉切成块，姜洗净切成末，葱洗净切成段备用。

3.在容器里放入五花肉和做法2的材料，加入料酒、酱油和白糖，覆盖保鲜膜扎孔，以微波高火加热4分钟，中途取出搅拌一次，再以低火加热25分钟。

4.取出后，见肉已熟，再以高火加热2分钟至肉汤浓稠即可。

贴心小提示

这道菜的烹饪过程，是先以低火炖熟，再以高火收汁，这是肥而不腻的关键步骤。

山药排骨盅

材料： 山药300克、排骨250克。

调料： A.酱油、香油、醋、白糖、盐、淀粉。B.盐、味精。C.葱。

做法

1.将排骨洗净与调料A混合，腌1小时。

2.山药去皮，洗净切块；葱洗净切段。

3.取一容器，加入油和葱，以微波高火加热2分钟，将排骨、山药倒入，覆盖保鲜膜扎孔，以高火加热10分钟。

4.取出后，加入500毫升热水及调料B，再以高火加热10分钟即可。

贴心小提示

新鲜山药切开时会有黏液，极易滑刀伤手，可以先用清水加少许醋洗，这样可减少黏液。

面筋塞肉

材料： 肉馅200克、油面筋6个、粉丝少许。

调料： A.黄酒、葱花、姜末、酱油、盐、鸡精、淀粉。B.酱油、鸡精、盐、高汤。C.红油。D.葱花。

做法

1.将肉馅加入调料A拌匀，在油面筋上用筷子开个洞，塞入拌好的肉馅。

2.粉丝用沸水泡软，拌上调料B，铺入盆底。

3.放入塞好肉馅的油面筋，撒上葱花，覆盖保鲜膜扎孔，以微波高火加热7分30秒。

4.取出后淋上调料C即可。

贴心小提示

做这道菜时，注意一定要将油面筋内塞满肉馅。

洋葱肉丝

材料：猪肉 150 克、洋葱 200 克。

调料：盐、白糖、味精、料酒、淀粉、植物油。

做 法

1.猪肉洗净切丝，用料酒和淀粉拌匀；洋葱洗净切丝备用。

2.将洋葱与做法 1 的材料混合，加入盐、白糖、味精、油拌匀，覆盖保鲜膜扎孔，以微波高火加热 2 分钟。

3.取出搅拌一次，再以微波高火加热 2 分钟。

贴心小提示

洋葱和青葱的性能大致相同，其所含的葱素可以降低胆固醇，预防血栓的形成。因此，您如果经常吃些葱类食物，将会受益终身。

肉片炒莴笋

材料：猪肉 100 克、莴笋 300 克。

调料：A.料酒、白糖、面粉、味精、盐。B.盐。C.植物油。

做 法

1.猪肉洗净切成片，放入调料 A 拌匀。

2.莴笋洗净切片，用调料 B 和水淹渍 10 分钟。

3.将猪肉片和莴笋片混合。

4.将做法 3 的材料装入空盘，加入调料 C，用微波高火加热 4 分钟即可。

贴心小提示

在吃莴笋的时候，不要扔掉莴笋叶子，因为叶子里的维生素含量要比莴笋茎高出 6 倍。

腐皮肉卷

材料： 猪里脊肉300克、竹笋100克、豆腐皮10张。

调料： A.番茄酱、盐、味精、白糖、酱油、香油、水淀粉。B.料酒、酱油、葱、姜。C.植物油。

做法

1.猪里脊肉、竹笋洗净切丝；葱洗净切成段，姜洗净切片；将里脊肉、竹笋和调料B混匀，腌渍20分钟后拣出葱、姜。

2.切10块方形的豆腐皮，将做法1备好的材料一一包入。

3.取一深底容器，倒入调料C，微波高火加热5分钟，将肉卷逐个放入，用高火加热2分钟后转成中火加热10分钟取出装盘。

4.将适量水加入调料A中拌匀，用高火加热3分钟，淋在豆腐皮上即可。

烤肉串

材料： 猪肉300克、腊肉100克、香菜1棵。

调料： A.酱油、料酒、五香粉。B.白糖、葱丝、姜丝、香油。C.植物油。

做法

1.猪肉、腊肉洗净切片；香菜洗净剁成末。将调料A与备好的猪肉拌匀，腌渍15分钟。

2.将腊肉和猪肉间隔着用竹签串起来，置于微波炉专用的金属网上，用微波高火加热8分钟。

3.取一空盘，加入调料C后加热5分钟，将烤好的肉串及调料B放入，用中火加热3分钟，取出后撒上香菜末即可。

贴心小提示

烧烤肉串时，金属网下必须放一盘子，以便接滴下来的汁液。

麻辣猪耳

材料：猪耳1只。

调料：A.植物油、料酒、白糖、豆瓣酱、酱油、味精。B.蒜。C.香油。

做法

1.猪耳洗净，放入锅内，倒入足够淹没猪耳的热水，加盖，用微波高火加热15分钟。

2.捞出猪耳后切成薄片；蒜洗净斜切成片。

3.取一容器，将猪耳和调料A放入，覆盖保鲜膜扎孔，用高火加热3分钟，将蒜拌入，再用高火加热1分30秒。

4.取出后淋上调料C即可。

贴心小提示

菜中用到的豆瓣酱也可以用辣酱代替，依个人口味调换。

海带肉丝

材料：猪瘦肉100克、水发海带200克、青椒1个。

调料：A.酱油、白糖、味精、盐。B.植物油、姜丝、葱丝。

做法

1.瘦肉、海带、青椒洗净切丝备用。

2.取一容器，倒入调料B，用微波高火加热2分钟，加入肉丝，再以高火加热2分钟。

3.取出后将海带丝、青椒丝、调料A放入，覆盖保鲜膜扎孔，用高火加热2分钟即可。

贴心小提示

海带上常附着一层白霜，这究竟是什么呢？其实它是一种有机化合物，叫甘露醇，具有降压、消肿的作用。因此，干海带在水中浸泡的时间不宜过长，只需轻轻洗去沙粒就可以了。

蚝油牛肉

材料： 牛肉200克、青椒2个、冬笋1根、水发香菇2朵。

调料： A.植物油。B.酱油、料酒、盐、姜汁。C.葱段、蒜片。D.蚝油、白糖、料酒。

做 法

1.牛肉洗净切片，倒入调料B腌20分钟。青椒、冬笋、香菇均洗净，青椒切块，冬笋切薄片，香菇切丝。

2.将调料A倒入腌渍好的牛肉中，加盖密封，用微波高火加热1分钟。

3.取一容器，放入调料C及青椒、冬笋、香菇加盖密封，以微波高火加热1分30秒；将调料D和牛肉一起放入拌匀，加盖，用高火加热1分30秒即可。

贴心小提示

使用蚝油很有讲究，若长时间加热会失去鲜味，并使香味退散。

炖牛腩

材料： 牛腩800克、苹果1个。

调料： 姜片、葱、陈皮、八角、白糖、盐、酱油、料酒、胡椒粉、香油、植物油。

做 法

1.苹果洗净切块备用。牛肉洗净切成两大块，放入锅中，加盖密封，用微波高火加热4分钟，换水后重新将牛肉放入锅中，用高火加热2分钟后，改用中火加热20分钟。

2.取出后将牛肉切成小块，加入调料和苹果搅匀，密封后用高火加热3分钟。

3.从锅中捞出葱、姜、陈皮、八角和苹果即可。

贴心小提示

这款菜中的葱需打结后整个放入锅中。

冬菜牛肉

材料：牛肉300克、冬菜100克、榨菜50克、红辣椒3个。

调料：A.酱油、味精、胡椒粉、料酒、水淀粉。 B.植物油。

做法

1.牛肉洗净切丝，拌入调料A腌渍10分钟。

2.榨菜、红辣椒洗净切丝；冬菜洗净切小段备用。

3.取一容器，倒入调料B，用微波高火加热2分钟。

4.加入牛肉丝及做法2中备好的材料拌匀，加盖密封后用高火加热5分钟即可。

贴心小提示

这道菜鲜咸爽口，但要注意不要加盐，因为冬菜本身就有咸味。

酱牛肉

材料：牛肉400克、洋葱半个、红辣椒1个。

调料：A.酱油、豆瓣酱、白糖、料酒、香油。 B.植物油。

做法

1.牛肉洗净横切成片，加入调料A腌渍30分钟，中途搅动几次使之入味。

2.红辣椒洗净切成小块，洋葱洗净切丁备用。

3.取一容器，倒入调料B，用微波高火加热2分钟，加入牛肉后用高火加热1分30秒。

4.取出后将做法2备好的材料倒入拌匀，加盖密封，用高火加热3分钟即可。

贴心小提示

牛肉腌制吸汁的工序至关重要，肉片吸汁越多，成品越汁饱嫩滑。

青椒牛肉丝

材料：青椒 200 克、牛肉 150 克、胡萝卜半根。

调料：A.植物油。B.蒜末、葱段。C.酱油、白糖、盐、水淀粉。

做法

1.牛肉洗净切丝备用。

2.青椒、胡萝卜洗净切丝。

3.取一容器，倒入调料 A，以微波高火加热 2 分钟后，放入调料 B，再用高火加热 1 分 30 秒。

4.将调料 C 放入牛肉丝中拌匀，倒入做法 3 中盛葱、蒜的容器内加热 3 分钟，再将青椒丝、胡萝卜丝放入拌匀，加盖密封，用高火加热 2 分钟即可。

贴心小提示

牛肉品种繁多，嫩质牛肉虽好，却太贵了，建议朋友们试试嫩腰、米龙（即近腰臀肉）或后腿。

芹菜牛肉丝

材料：牛肉 200 克、芹菜 150 克、竹笋 50 克、红辣椒 2 个。

调料：A.植物油。B.盐、酱油、姜丝、蒜蓉、料酒、白糖、香油、胡椒粉、淀粉。

做法

1.竹笋、红辣椒洗净切丝；芹菜去叶洗净切段。

2.牛肉洗净切成丝，加入调料 B 拌匀，腌渍 10 分钟。

3.容器中倒入油，微波高火加热 2分钟，放入牛肉丝再加热3分钟。

4.将芹菜、竹笋、红辣椒丝倒入锅中搅匀，加盖密封，用微波高火加热 2 分钟即可。

贴心小提示

切牛肉丝时要顺着肉身的纹路切成大片，再切成丝。

烤牛肉

材料：牛肉200克。

调料：A.植物油。B.酱油、姜汁、料酒、香油。

做法

1.牛肉洗净后切成2片。

2.将牛肉片放入调料B中腌30分钟，时常翻动使其入味。

3.将调料A刷在牛肉片上，放在微波炉专用的金属网上，用高火加热5分钟。

4.取出后切成小块即可。

贴心小提示

挑选牛肉时要以肉的色泽来辨识是否新鲜，如外观呈铁灰色、切割时血水不会自然流出，则不是新鲜牛肉。

红烧百叶

材料：牛百叶300克、香菜1棵。

调料：A.植物油。B.酱油、白糖、料酒、盐、胡椒粉、味精、水淀粉。C.葱段、姜片、辣椒油。

做法

1.香菜洗净切末。

2.牛百叶冲洗后泡进沸水中，放入微波炉中用高火加热10分钟，取出后切丝，拌入调料B中腌渍5分钟。

3.容器内倒入调料A，用高火加热2分钟；放入调料C，用高火加热2分钟；将牛百叶丝放入，覆盖保鲜膜扎孔，再用高火加热16分钟。

4.取出后装盘，撒上香菜末即可。

贴心小提示

这道菜注重刀工，百叶切得越细越好，一定要把百叶洗干净。

锅炮肉

材料：牛肉200克、鸡蛋1个。

调料：A.水淀粉。B.植物油。C.葱丝、姜丝。D.酱油、醋、盐、料酒、香油。

做 法

1.牛肉洗净切成条状，将蛋清及调料A搅成稠糊状，把肉条放入其中，挂好糊待用。

2.取一容器，倒入调料B，用微波高火加热5分钟，将肉条逐个放入，用高火加热3分钟，再转成中火加热5分钟后捞出。

3.将调料C放入留有底油的容器内，用高火加热1分30秒，倒入炸好的肉条和调料D，用高火加热2分钟取出即可。

贴心小提示

最好挑肉质呈鲜红色、有油花，而且脂肪分布均匀的牛肉。

辣味牛肉

材料：牛肉馅350克、胡萝卜2根、生菜100克、洋葱1个、青椒1个。

调料：A.植物油。B.番茄汁、高汤、辣椒粉、胡椒粉、盐。

做 法

1.洋葱、青椒、生菜洗净切碎，胡萝卜洗净切丁备用。

2.取一容器，倒入调料A及洋葱、青椒、胡萝卜，用微波高火加热5分钟。

3.将牛肉馅拌入搅匀，用高火加热6分钟。

4.取出后撒上生菜即可。

贴心小提示

洋葱在什么菜里都可以加入，区别在于青的洋葱和紫的洋葱辣度不一样。

鸡肉炖芋头

材料：鸡肉200克、芋头200克。

调料：A.植物油。B.料酒、酱油。C.糖、高汤。

做法

1.鸡肉洗净剁成块，拌入调料B，腌渍30分钟使其入味。

2.芋头去皮后洗净切成块，淋上调料A，加盖密封，用微波高火加热2分钟。

3.取一微波炉专用炖锅，将鸡肉放入锅内，倒入调料A，用高火加热2分钟。

4.将芋头及调料C加入，加盖，用高火加热5分钟，然后改成中火加热6分钟即可。

贴心小提示

秋天是吃芋头的时节，它既可以当粮食，又可做蔬菜，是老少咸宜的滋补佳品，秋补素食少不了芋头！

菠萝鸡块

材料：鸡腿肉400克、菠萝半个、胡萝卜半根、青椒2个。

调料：A.料酒、盐、胡椒粉、淀粉。B.番茄酱、糖、醋、菠萝汁、盐、淀粉。C.植物油。

做法

1.鸡腿肉洗净切块，拌入调料A腌渍20分钟。菠萝去皮后切成扇形小片；胡萝卜洗净切片，青椒洗净切块。

2.取一容器，放入鸡肉块、菠萝片及调料B，拌匀后加盖，用高火加热6分钟。

3.另取一空盘，将青椒淋上调料C，覆盖保鲜膜扎孔，用高火加热1分30秒，取出后倒入做法2中的容器中拌匀即可。

荷叶包鸡

材料： 鸡1只、炒米粉150克、鲜荷叶4张。

调料： A.五香粉。B.酱油、白糖、料酒、猪油、盐。

做法

1.将鸡洗净，剔骨，剁成5厘米长、2厘米宽的条状，拌入调料B腌渍15分钟。

2.做法1中倒入炒米粉、调料A及适量的水，混匀后加盖密封，用微波高火加热4分钟，取出后待凉。

3.将荷叶洗净，用沸水烫软，每一大张荷叶切成4小份。

4.每小张荷叶包两块鸡肉，逐一包完后放入盘中，覆盖保鲜膜扎孔后用微波高火加热2分钟即可。

贴心小提示

这道菜中的主料是鸡，最好要长了一年的嫩鸡，又称童子鸡。

红烧鸡翅

材料： 鸡翅6只。

调料： 酱油、料酒、白糖、姜。

做法

1.姜洗净切片备用。

2.鸡翅洗净，用叉子或牙签戳几个洞，拌入调料腌渍1小时，其间多搅动几次使其入味。

3.取一空盘，将鸡翅放入，用微波高火加热2分钟。

4.取出后用铝箔纸包裹不易熟的部分，再放回微波炉中加热3分钟即可。

贴心小提示

挑选鸡翅时，为了受热均匀，最好全部选用鸡翅中段。

徽州蒸鸡

材料：母鸡1只、板栗200克。

调料：A.酱油、色拉油。B.葱、姜、盐、冰糖、料酒、高汤。

做法

1.板栗破壳后下锅煮至露出栗肉，趁热剥壳取出板栗；葱洗净打结，姜洗净拍松备用。

2.用刀后尖在鸡肋骨处扎几下，再在鸡腿内侧划一刀，放入炖锅中，加适量热水后用高火加热4分钟，取出后将调料A均匀涂抹在鸡身上。

3.将鸡放入烤盘中，用高火加热3分钟，再次将调料A涂抹在鸡身上，用高火加热2分钟。

4.将调料B、板栗及做法3中烤好的鸡放入炖锅中，加盖密封，用高火加热10分钟后再用中火加热15分钟即可。

椰汁鸡腿

材料：鸡腿2只、土豆2个、洋葱1个、鲜奶半杯。

调料：A.椰汁、高汤、盐、白糖、胡椒粉。B.淀粉。

做法

1.鸡腿洗净斩成块，入盘，加盖密封后用高火加热2分钟。

2.土豆去皮洗净，切成块；洋葱洗净切丝备用。

3.将调料B均匀涂抹在鸡块上，倒入做法2中备好的材料和调料A，混匀后加盖密封，用高火加热15分钟。

4.取出后加入鲜奶，加盖，用高火加热1分钟即可。

贴心小提示

这道菜中用到了椰汁，如果在市面上买不到新鲜椰子，也可以用罐装的椰汁代替。

太白醉鸡

材料： 鸡1只。

调料： 葱、姜、盐、绍酒半瓶。

做法

1.葱洗净切段，姜洗净切片备用。

2.鸡洗净，对半剖开，放入炖锅内，拌入葱段、姜片及水，加盖密封后用高火加热20分钟。

3.取出后趁热在鸡身抹盐，待凉后切成块，炖鸡的汤汁留用。

4.取一容器，倒入炖鸡的汤汁、绍酒和鸡块，加盖密封后浸泡4小时即可。

贴心小提示

用绍酒渍鸡块的时间可依照个人喜好调整，可以浸泡更长时间使之更入味。

宫保鸡丁

材料： 鸡胸肉150克、花生米50克、鸡蛋1个、红辣椒2个。

调料： A.盐、淀粉。B.色拉油。C.辣椒油。D.酱油、白糖、水淀粉、料酒、味精、葱段。

做法

1.将鸡肉洗净切丁装入盘中；红辣椒洗净切丁，葱切段备用；鸡蛋取出蛋清，将蛋清与调料A拌匀后在拌入鸡丁。

2.取一容器，倒入调料B及拌好的鸡丁，拌匀后覆盖保鲜膜，用微波高火加热3分钟。

3.容器中倒油、调料D及红辣椒丁，拌匀后覆盖保鲜膜扎孔，用高火加热1分30秒，再加入花生米和鸡肉拌匀，覆盖保鲜膜后加热1分钟。取出后淋上调料C即可。

贴心小提示

鸡胸肉弹性好，最适合用来做宫保鸡丁；而柔软的鸡腿肉则适合用来烧烤、炒煮及清炖。

西芹鸡柳

材料：鸡胸肉250克、西芹2根、干笋1段、冬菇2朵。

调料：A.蒜、植物油。B.蚝油、绍酒、淀粉、白糖、香油、盐、胡椒粉。

做 法

1.鸡胸肉洗净切长条，放碗中加水、调料B搅匀，腌渍半小时。

2.冬菇、西芹、干笋均洗净切成条状，蒜洗净切片备用。

3.取一容器，放入做法2的材料，加盖密封后用微波高火加热1分钟，取出后腾出容器，洗净拭干。

4.容器内倒入调料A，高火加热2分钟，放入鸡肉加热1分钟后加入西芹、干笋、冬菇，加盖密封后用高火加热2分钟即可。

贴·心·小提示

鸡肉热量较低，而且含有维生素B和微量的铁、锌、磷、钾。

酸菜鸭

材料：鸭500克、酸菜250克、香菜1棵。

调料：A.姜、葱、料酒。B.胡椒粉。

做 法

1.酸菜洗净切成段，香菜洗净剁成末备用。

2.鸭洗净斩成块，放入容器内，加盖密封，用微波高火加热3分钟，取出后倒去血水。

3.将酸菜、鸭块及调料A放入容器内，加适量水，加盖，高火加热15分钟，改低火加热15分钟。

4.取出后撒上调料B及香菜末即可。

贴·心·小提示

鸭肉有定惊解毒的功效，但多食鸭肉会有滞气等弊病，不宜多食。

无锡鸭块

材料：鸭半只。

调料：A.植物油。B.料酒、酱油。C.葱、姜、盐、白糖。D.红曲米。

做 法

1.葱洗净切段，姜洗净切片；鸭洗净斩成块，倒入调料B腌渍15分钟。

2.取一容器，倒入调料A，用微波高火加热2分钟，加入调料C及鸭块。

3.将调料D装入布袋里，放入煮鸭子的容器里，用高火加热3分钟，调成低火再加热7分钟。

4.取出装调料D的布袋即可。

贴心小提示

红曲米是中国独特的传统食品，营养丰富、健脾消食，具有降低血液胆固醇的功效。

乳鸽

材料：乳鸽1只。

调料：A.植物油、酱油。B.色拉油、姜片、葱段。C.酱油、盐、白糖、绍酒。

做 法

1.乳鸽洗净沥干，用调料A抹匀全身。

2.取一容器，倒入调料B及乳鸽。

3.加入调料C，用微波低火加热20分钟，中途需翻面。

4.取出后斩成块即可。

贴心小提示

乳鸽肉质嫩、味道鲜、营养丰富，含有人体所需要的多种氨基酸、维生素及高蛋白，素有“一鸽胜九鸡”之说。

油焖基围虾

材料：基围虾300克。

调料：葱、姜、植物油、盐、鸡精、番茄酱。

做法

1.将虾洗净剪去须刺。将葱、姜洗净，一半剁成末。将葱、姜末与虾拌匀腌渍10分钟，取出后排放在容器内。

2.另一半葱切段，姜切片，加入植物油后以微波高火加热2分钟，取出后捞出葱、姜，加盐、鸡精、番茄酱拌匀后淋在虾上。

3.微波高火加热4分钟取出即可。

贴心小提示

可以在虾身撒上翠绿的小葱末，这样既美观又能起味。

宫保对虾

材料：对虾6只、辣椒8个。

调料：料酒、葱、姜、淀粉、酱油、醋、白糖。

做法

1.将对虾去泥肠洗净，每只切成两三段；葱洗净切成5厘米长段，姜洗净切片，辣椒洗净对半切开备用。

2.将切成段的对虾置于盘中，浇上料酒浸渍10分钟。

3.取出浸在料酒中的对虾，裹上淀粉，加入葱、辣椒、姜拌入，以微波高火加热2分钟。

4.再加入酱油、醋、白糖混匀，加盖后以微波高火加热2分钟即可。

贴心小提示

选购对虾要看外形，新鲜的虾头尾完整，紧密相连，虾身较挺，有一定的弯曲度；不新鲜的虾，头与体、壳与肉相连松懈，头尾易脱落或分离，不能保持其原有的弯曲度。

锅贴一品虾

材料： 大虾12只、中虾250克、猪肉馅120克、菱角6个、面包屑少许、鸡蛋1个。

调料： 盐、香油、植物油、葱、面粉、白糖、五香粉、白胡椒粉。

做法

1.将中虾去壳、去泥肠洗净剁碎；葱洗净切丝，菱角去皮洗净，切末，鸡蛋取蛋清备用。

2.将猪肉馅、中虾碎、菱角末拌成糊状，分成12份。

3.用盐水将大虾洗净，从虾腹切开，与盐、香油、胡椒粉、葱丝、五香粉、蛋清一同倒入容器里拌匀。

4.取出后将肉馅塞入虾内，捏塑成虾状，刷上一层植物油，撒上面包屑，以微波高火加热4分钟即成。

贴·心·小提示

虾的头部有一根长刺，把它剪掉，挑出虾包，去掉虾包和虾线，我们吃虾时就不会觉得牙碜了。

香蒜辣味虾

材料： 中虾300克。

调料： 蒜、料酒、海鲜酱、辣椒酱、酱油、白糖、胡椒粉、香油。

做法

1.中虾去肠线、去须洗净，沥干。

2.蒜洗净拍碎切蓉，与剩余调料一同搅匀，腌渍虾20分钟。

3.将虾排入盘中，尾部用铝箔纸包住，用微波高火加热2分钟。

4.取出后除去铝箔纸，再用高火加热1分30秒即可。

贴·心·小提示

这道菜充满了海鲜酱的鲜香及大蒜的独特味道！

蒜爆虾仁

材料：鲜中虾500克、香菜2棵。
调料：蒜、姜、盐、料酒、植物油。

做法

1.将中虾洗净撒上盐，拌匀后以冷水洗去盐分，控干水，放在纸巾上晾干。

2.将蒜洗净切末，姜洗净切末，香菜洗净切成段备用。

3.虾与蒜末、姜末、料酒、植物油和盐拌匀，以微波高火加热2分钟，中途搅拌一次。

4.将虾在盘中铺开，中心留空，再以高火加热1分钟，取出后用香菜做装饰即可。

贴心小提示

在烹虾的最后1分钟时，也可加入竹笋片、豌豆、青豆或葱等。

草菇虾丸汤

材料：虾仁230克、猪肥肉40克、草菇1罐。
调料：A.盐、味精、胡椒粉、淀粉。B.盐、料酒、味精。C.葱末、香油。

做法

1.先把虾仁用清水漂洗干净，沥去水分，再把肥肉切成小丁儿，将虾仁和肥肉丁儿放在一块剁成虾蓉，放入容器内，加入调料A拌匀，用汤匙做成虾丸。

2.在沸水锅中放入调料B，加盖，用高火加热8分钟。

3.放入虾丸和草菇，加盖，用高火加热5分钟，取出后加入调料C即可。

贴心小提示

用微波炉煮虾丸的时候，最好待虾丸浮起时取出炖锅，因为这样说明虾丸已熟了。

蒜蓉虾

材料：新鲜中虾约500克。

调料：植物油、蒜蓉、红椒粒、葱末、香菜、老抽、生抽、绍酒、胡椒粉各适量。

做法

1.将虾由背部切开两半，洗净并不沥干水，放入调料拌匀。

2.将虾排放碟上，放上蒜蓉，包上微波炉保鲜膜，扎孔，放入炉内，用高火煮3分钟，取出。

3.将2汤匙油放入小碗内，用高火加热约1分钟，再放入葱末及红椒粒。

4.将香菜放上虾面，淋上油。

5.将老抽及生抽各适量混合，淋上虾面即可。

豆豉烩鱼

材料：鳕鱼50克、猪肉馅150克、鸡蛋2个、豆豉10克。

调料：植物油、酱油、料酒、白糖、蒜末、葱花、淀粉、盐。

做法

1.用温水将豆豉浸泡10分钟，然后控净水，粗切一下，并与蒜末拌成糊状；鳕鱼洗净。

2.在盘中加入植物油，用高火加热5分钟，放入豆豉糊和猪肉馅搅匀铺平，再用高火加热1分钟。

3.将酱油、料酒、白糖、葱花和淀粉倒入做法2中备好的材料中，倒入少许水，加盖后以微波高火加热3分钟，再加入打散的鸡蛋拌匀制成豆豉肉末。

4.将鳕鱼放入盘中，在鱼身上刷油，撒盐，以高火加热3分钟后加入豆豉肉末，再用高火加热1分钟后即可。

烧鳕鱼片

材料：鳕鱼1条、香菇2个。

调料：A.料酒、酱油、植物油、盐、白糖。B.葱、姜。

做法

1.香菇洗净，放入容器中，加入温水，加盖后以微波高火加热4分钟。

2.将煮熟的香菇晾凉，切丝；葱、姜洗净切丝备用。

3.将鳕鱼洗净劈为两半，混入调料A腌渍10分钟。

4.将鱼铺在烤盘中，撒上葱丝、姜丝、冬菇丝，以微波高火加热5分钟即可食用。

贴·心·小提示

鳕鱼不杂食，干净无污染，无论采用何种烹饪方式，味道皆清纯。

鲫鱼炖豆腐

材料：鲫鱼300克、豆腐400克、香菜10克。

调料：料酒、盐、味精、葱、姜、高汤、猪油、香油、胡椒粉。

做法

1.葱、姜洗净切丝；将鲫鱼刮鳞，去鳃、内脏并洗净，两面剞上斜十字花刀；豆腐切成3厘米见方的块；香菜洗净切段。

2.将鲫鱼入沸水中烫一下捞出。

3.容器内加猪油、葱丝、姜丝入微波炉，用高火加热1分钟，放入高汤、料酒、盐、豆腐块、鲫鱼，加盖后用高火加热15分钟取出。

4.放入味精、胡椒粉、香油、香菜段即成。

贴·心·小提示

这道菜鱼肉细腻，豆腐嫩软，鲫鱼含脂肪少，又有营养，有利减肥。

鱼球煲

材料： 鱼肉125克、腊肠25克、荸荠2个、肥肉20克、青菜100克、榨菜20克、香菇2朵、玉米粉少许。

调料： A.盐、胡椒粉。
B.料酒、酱油、鸡精、姜汁。
C.植物油。

做 法

1.腊肠、荸荠、肥肉、香菇及榨菜洗净切碎，与鱼肉和调料A拌匀，并打至起胶。

2.把做法1备好的材料捏成小鱼球，粘上玉米粉；取一空盘，倒入调料C，以高火加热2分钟，倒进鱼球。拌匀后用高火加热2分钟。

3.把调料B和鱼球倒入炖锅，加盖后用微波高火加热1分钟。

4.青菜洗净，放进鱼球煲内，以高火加热1～2分钟即可。

荷香银鱼

材料： 银鱼200克、红辣椒1个、柠檬皮少许、荷叶1片。

调料： A.蒜。 B.葱、香油、酱油、白糖、油。

做 法

1.将荷叶放入沸水中浸10分钟；蒜、葱、柠檬皮洗净剁成蓉，红椒洗净切丝；银鱼洗净。

2.在深底容器内搅匀调料B，覆盖保鲜膜后用牙签戳几个洞。

3.把蒜蓉、葱蓉和柠檬蓉放在荷叶上，加入银鱼后拌匀，折叠起荷叶放入盘中。

4.把荷叶包和做法2备好的调料一同放进微波炉，用高火加热4分钟后取出即可。

贴·心·小提示

半指粗的银鱼，经过灼熟、冰镇后，白白滑滑，风味甚佳！

串烧黄鳝

材料：黄鳝150克、菠萝1片、甜椒2个、番茄2个

调料：蒜、姜、葱、料酒、姜汁、辣酱、酱油、白糖、胡椒粉、香油。

做法

1.黄鳝洗净，切12等份；菠萝、甜椒、番茄洗净各切出12等块；蒜、姜、葱洗净剁碎备用。

2.将全部调料与黄鳝搅匀，腌渍1小时。

3.用12枝竹签串起黄鳝，摆入盘中，放进微波炉内以高火加热2分钟。

4.取出后，串起菠萝、甜椒及番茄，以高火加热1分钟即可。

贴心小提示

甜椒不辣，色彩鲜艳，还带有甜味，买回后最好浸入冰水中，会更加香脆可口、清爽宜人！

清炒鳝丝

材料：鳝丝250克。

调料：A.葱、姜、料酒、酱油。B.盐、白糖、胡椒粉、味精、蒜末、淀粉。C.植物油。

做法

1.将鳝丝洗净，切成4厘米长的段。

2.葱、姜洗净切丝备用。

3.将调料A和鳝丝拌匀，腌渍10分钟后，再加入调料B搅匀。

4.取一容器，将鳝丝装入容器中，以微波高火加热4分钟，取出后浇上加热的调料C即可。

贴心小提示

教教大家如何鉴别鳝丝的质量：表皮黑中透亮，颜色光洁说明鳝鱼很鲜；而色淡略显灰白则是死鳝鱼加工的。

川味炒鲜鱿

材料： 鲜鱿鱼300克、生菜200克。

调料： A.姜末、淀粉、酱油、料酒、豆瓣酱、色拉油。B.香油。

做法

1.鱿鱼洗净，去内脏，把足尾切成3厘米长的块状，将鱿鱼肉剖开，斜刀刻花，再切成方片；生菜洗净切成片。

2.取一深盘，加入鱿鱼、生菜及调料A后拌匀，覆盖保鲜膜扎孔，以微波高火加热8分钟，中途搅拌一次。

3.取出后淋上调料B即可。

贴心小提示

切鱿鱼必须把握住刀感，下刀深了就断，下刀浅了卷不起来。如果切得不像样，炒出来就必定不像样。

芥蓝鲜鱿

材料： 鲜鱿鱼300克、芥蓝300克。

调料： A.酱油、盐、淀粉、胡椒粉、香油。B.姜片、植物油、绍酒、白糖。

做法

1.将芥蓝洗净沥干，切成段；鲜鱿鱼撕去外皮，洗净后斜刀刻花，切成大块。

2.在鲜鱿鱼中加入调料A腌渍片刻。

3.将芥蓝与调料B拌匀，盖上保鲜膜后扎孔，以微波高火加热2分钟。

4.将鱿鱼放在芥蓝上，以微波高火加热4分钟，取出搅匀即可。

贴心小提示

鱿鱼含丰富的蛋白质、铁质及胶原质，不仅有美容、降压、利尿、增进食欲等功效，还可使皮肤嫩滑有血色。

松鼠黄鱼

材料：黄鱼1条、黄瓜1根、方火腿4片、青椒1个、胡萝卜50克。

调料：料酒、盐、味精、醋、白糖、番茄汁、淀粉、植物油。

做 法

1.将黄鱼洗净，去头尾、龙骨。用刀在鱼肉上切出花纹，再切成段，用料酒、盐、味精腌渍10分钟。将黄鱼身上抹上淀粉。

2.将植物油放入深底容器中，以高火加热17分钟，将鱼段放入油中炸，待成金黄色时取出，在盘中摆成鱼型。

3.将火腿片、青椒、胡萝卜分别洗净切丁，放入容器中，加入番茄汁、白糖、味精、醋、盐和少许水，以高火加热2分钟，取出浇在鱼上。黄瓜洗净，顺长切为两半，再切薄片，在鱼两侧摆成松鼠脚爪的形状即可。

锦绣大鲤

材料：鲤鱼1条、青椒1个、红甜椒1个、菠萝2片。

调料：A.葱段、姜片、蒜蓉、料酒、盐。 B.醋、白糖、番茄汁、酱油、盐、淀粉、香油。

做 法

1.去除鲤鱼的鳞及内脏，洗净。

2.将调料A擦遍鱼身内外，腌渍10分钟。

3.将保鲜膜覆盖在腌制鱼的器皿上扎孔，用微波高火加热7分钟。

4.将青椒、红甜椒、菠萝片洗净切丁，放容器内，加入调料B拌匀，以微波高火加热2分钟浇在鱼上，再以高火加热2分钟即成。

贴心小提示

常食鲤鱼能行气健胃，醒脾化湿，还有利水消肿的效果。

烩墨鱼

材料：墨鱼 500 克。

调料：蒜、白糖、酱油、植物油、料酒、胡椒粉、盐。

做法

1.将墨鱼洗净，控干，用刀刻上十字纹，切成块。

2.蒜洗净剁碎备用。

3.将墨鱼洗净放入盘中，加上蒜、白糖、酱油、料酒和植物油，腌制 2 小时，覆盖保鲜膜扎孔后加热 8 分钟。

4.取出后加入盐和胡椒粉拌匀即可。

贴心小提示

购买时应选择未变白色的墨鱼，肉骨要挺硬才好。剖开的墨鱼肉，有透明感的是新鲜的，反之便不新鲜了。

西洋鲳鱼

材料：鲳鱼 1 条、洋葱 50 克、青椒 1 个、面粉少许。

调料：植物油、番茄酱、盐、味精、胡椒粉、料酒、辣椒油。

做法

1.将鲳鱼洗净，切成厚片，用料酒、盐、胡椒粉和味精腌制 10 分钟，拍上面粉。

2.将植物油倒入容器，以高火加热 10 分钟，逐一放入鱼片，炸成金黄色时取出。

3.将洋葱和青椒洗净切丁备用。

4.番茄酱、盐、辣椒油混匀后，加入做法3的材料，以高火加热3分钟，浇在鲳鱼片上即可。

贴心小提示

鲳鱼的鱼肉含水分较多，结构疏松，比禽肉类更易于消化，特别适合儿童食用。

柠檬蒸鱼

材料：罗非鱼1条、香菜3棵、柠檬1个。

调料：蒜末、姜末、葱末、辣椒末、料酒、鱼露、白糖、胡椒粉、色拉油。

做 法

1.鱼洗净，在鱼身两侧各划一刀，放入盘内。

2.将所有调料混匀，淋在鱼身上，放入蒸笼内用高火蒸10分钟。

3.香菜洗净切碎，柠檬切片，撒在鱼身上即可。

贴心小提示

罗非鱼肉质鲜美，无暗刺，海生罗非鱼适合煮汤，汤味鲜甜，鱼肉软嫩可口；淡水罗非鱼带有土味，适合红烧、宫保。

鱼香烤蟹

材料：蟹500克。

调料：A.葱、蒜、姜。B.胡椒粉、盐、淀粉。C.辣豆瓣酱、醋、白糖、植物油、香油。

做 法

1.将蟹冲洗干净，斩成大块，用调料B拌匀，排入盘中后加盖保鲜膜扎孔，以微波高火加热6分钟。

2.姜、蒜、葱洗净切碎备用。

3.将姜末和蒜末与调料C拌匀，放入微波炉中以高火加热3分钟，取出后浇在蟹块上面。

4.将葱末撒在蟹块上，再次入炉，以高火加热3分钟即成。

贴心小提示

俗话说：吃了螃蟹，百样不鲜。但吃之前要先用手按住蟹爪以检查蟹的肉质是否干净。

啤酒蟹

材料：大闸蟹600克、啤酒200毫升。

调料：姜、葱、蒜、花椒、八角、盐、植物油。

做法

1.大闸蟹洗净，斩开。

2.姜洗净去皮切片。

3.葱洗净切段，蒜剁碎。

4.将所有材料拌匀，放入盛啤酒的器皿中，覆盖保鲜膜后用牙签戳几个洞，用高火加热4分钟即可。

贴心小提示

大闸蟹虽然味质鲜美，但性寒且带湿毒，属“发物”，皮肤病患者或容易皮肤敏感的人都不宜吃。

清炒鲜贝

材料：鲜贝500克、冬菇5个、干海米15克。

调料：姜、植物油、盐、料酒。

做法

1.姜洗净切片；冬菇洗净，放入碗中，加适量水，以微波高火加热4分钟煮熟，取出晾凉后切成细丝；干海米在温水中浸泡10分钟备用。

2.鲜贝洗净切为两半，以料酒腌15分钟，取出后控去料酒。

3.将海米、冬菇丝、姜片放入器皿中，淋上植物油，以微波高火加热1分钟后取出姜片。

4.把鲜贝放入做法3器皿中，浇上植物油，放盐，加盖后以微波高火加热3分钟，掀开盖子后再加热1分钟即可。

贴心小提示

如果鲜贝较小，可以整只拿来入菜。鲜贝肉发白即可，切勿蒸太久，否则鲜贝肉会松。

葱姜生蚝

材料：生蚝450克、香菜1棵、红辣椒丝少许。

调料：A.葱、姜、植物油。B.酱油、盐、淀粉、胡椒粉、植物油。C.酱油、白糖、淀粉、香油。

做法

1.生蚝洗净，用沸水烫一下；葱、香菜洗净切段，姜洗净切成薄片。

2.把生蚝沥干后拌入调料B待用。

3.在烧烤盘内加入调料A，放入微波炉中以高火加热1分钟爆香，然后拌入腌渍好的生蚝，以高火加热4分钟。

4.将调料C拌匀，浇在生蚝上，放上香菜及红辣椒丝，以微波高火加热1分钟即可。

蒸蛤蜊塞肉

材料：蛤蜊8只、猪肉馅40克、鸡蛋1个。

调料：料酒、酱油、葱末、淀粉、姜汁、白糖、盐。

做法

1.将蛤蜊在盐水中浸泡，洗净泥沙。

2.将蛤蜊放在深盆中，加入水，加盖密封，以微波高火加热2～4分钟，贝壳张开即可。

3.将鸡蛋、肉馅和所有调料搅匀，并分成8等份，分别填入每只蛤蜊的另一半空壳中。

4.将16个半蛤蜊壳摆入盘中，加入少许水，加盖后以微波高火加热3分钟即可。

贴心小提示

这道菜需趁热食用为佳，蛤蜊的鲜和肉馅的嫩，在未冷却之前是最美味的。

鸡肉蛋饭

材料： 鸡肉200克、鸡蛋1个、米饭1碗。

调料： A.盐、味精、水淀粉。B.酱油、盐、高汤。C.植物油。

做法

1.将鸡肉洗净切成段，用调料A腌15分钟。

2.取一空盘，倒入调料C，将腌好的鸡肉和调料B一同放入，以微波高火加热5分钟，取出将鸡肉翻面，再以高火加热4分钟。

3.重新取一空盘，在底部刷上油，将鸡蛋打入盘中，用筷子在鸡蛋上戳几个洞，以微波高火加热3分钟备用。

4.装 碗米饭，将鸡肉和鸡蛋摆入即可。

贴心小提示

煎蛋时要用竹签在蛋上戳几个洞，以免发出“嘭嘭”爆裂声。

蛋包饭

材料： 糯米饭100克，火腿75克，鸡蛋6个，香菇2朵，榨菜、面粉、蜂蜜各少许。

调料： 猪油、酱油、盐、白糖、白胡椒粉。

做法

1.鸡蛋打散，加入面粉拌匀；香菇、榨菜洗净，和火腿分别切丁。

2.在香菇丁、榨菜丁和火腿丁内加入酱油、盐、糖和白胡椒粉，以高火加热3分钟。

3.猪油装盘放入微波炉内化开，将蛋汁倒入，摊成蛋皮。

4.用蛋皮将糯米饭和做法2备好的材料包好，用蜂蜜封口即可。

贴心小提示

蛋皮不要加太多面粉，否则就没鸡蛋味儿了。

什锦炒饭

材料：大米200克、虾仁100克、牛肉馅100克、胡萝卜50克、黄瓜50克、青豆50克。

调料：A.植物油、葱、蒜、淀粉、盐、胡椒粉、酱油、白糖。B.盐。

做法

1.将大米煮熟，晾凉；蒜、葱洗净剁成末；胡萝卜、黄瓜洗净切成丁备用。

2.把调料A放入牛肉馅中拌匀。

3.将牛肉馅和虾仁一起放入盘中，覆盖保鲜膜扎孔，以微波高火加热5分钟，取出后加入胡萝卜丁、黄瓜丁、青豆搅匀，用保鲜膜密封后以高火加热4分钟即可。

4.取出后加入米饭搅匀，放入微波炉中加热3分钟，最后加调料B拌匀即可。

肉丝白菜面

材料：刀切面250克、白菜150克、猪肉100克。

调料：酱油、料酒、植物油、淀粉、白糖、盐、姜。

做法

1.猪肉、姜洗净切丝，白菜洗净切片待用；将料酒、淀粉、白糖、植物油和姜丝拌入肉丝内，腌渍10分钟。

2.将面条煮好，捞出后过一遍冷水。

3.取一容器，放入肉丝，以微波高火加热1分钟，再拌入白菜、盐，覆盖保鲜膜扎孔后加热5分钟，浇上酱油和水搅匀。

4.面条平铺在盘中，将肉丝白菜撒在上面即可。

贴心小提示

面条、白菜应煮熟，但不必煮到烂熟。食用前以微波中火加热2分钟。

咸蛋蒸肉饼

材料： 猪肉馅500克、生咸鸭蛋2个。

调料： 葱。

做法

1.将葱洗净切末备用。

2.生咸鸭蛋的蛋清、蛋黄分离备用。

3.将猪肉馅、葱末和蛋清搅匀，揉成肉饼状，置于盘中，再将2个蛋黄分别放在肉饼上面。

4.覆盖保鲜膜扎孔，以中火加热15分钟，中途取出翻一次面。

贴心小提示

这道菜里用了生咸鸭蛋，它本身已经有了咸味，所以不用再放入盐。

海鲜粥

材料： 黏米100克、糯米100克、果皮1片、泥艋150克、冬菇3朵、虾仁100克。

调料： A.盐、植物油。 B.盐、胡椒粉。

做法

1.黏米和糯米洗净，加入调料A腌制15分钟，放入微波炉专用炖锅内，倒入适量热水及果皮，加盖，以高火加热10分钟，再转中火加热20分钟。

2.将虾仁与调料A混匀；泥艋洗净后用调料B腌制片刻；冬菇洗净切粒。

3.将冬菇粒、泥艋和虾仁加入粥内，以中火加热10分钟即可。

贴心小提示

泥艋是一种浑身带花点的小鱼，出产自我国第二大天然渔场万山群岛。

锅贴

材料：大白菜60克、面粉60克、猪肉馅60克。

调料：A.姜汁、酱油、白糖、玉米粉、料酒、香油、植物油、胡椒粉。B.猪油、盐。C.植物油。

做法

1.将大白菜洗净，放入微波炉内以微波高火加热1分30秒，取出后沥干水，剁碎并压出水分。

2.将调料A与肉馅拌匀，分成8等份，置入冰箱内冷冻30分钟；面粉内加入调料B及热水，做成粉团，分成8等份，擀成面皮。

3.面皮内裹进肉馅，封口后排入刷油的空盘内，高火加热2分钟。

4.倒入少许水，覆盖保鲜膜扎孔，用牙签戳几个洞，以中火加热2分钟即可。

菜肉云吞

材料：云吞皮12块、肉馅100克、韭菜100克。

调料：A.胡椒粉、香油、糖、酱油、玉米粉。B.香油、鸡精、植物油、盐。

做法

1.用调料A与肉馅搅匀，腌制片刻。

2.韭菜洗净剁碎，与腌好的肉馅拌匀，做成馅料。

3.用云吞皮和馅料包成云吞；取一容器，倒入适量水，用微波高火加热5分钟，水沸后放入云吞，用高火煮2分钟后捞出沥干。

4.将调料B放入云吞汤中加热3分钟，放入云吞即可。

贴·心·小提示

这款主食适合一个人住的朋友做来吃，可依个人口味添加醋或辣酱调味。

鸡丝炒面

材料：挂面250克、鸡胸肉250克、白菜200克、冬菇4个。

调料：盐、植物油、酱油、料酒、白胡椒粉、淀粉。

做法

1.在容器内放入适量水及盐，加盖密封后，以微波高火加热8分钟，下入面条，搅动一下，加盖，以微波高火加热4分钟。

2.将面条捞出沥干；在盘中加入植物油，以高火加热3分钟；将面条拌入，再以高火加热4分钟。

3.鸡肉洗净切丝，加入酱油、料酒、白胡椒粉及淀粉搅匀；白菜、冬菇洗净切丝，加入植物油以微波高火加热4分钟。

4.在盘中放入鸡肉丝、白菜、冬菇，以高火加热2分钟，取出后撒在面条上即可。

牛肉包子

材料：面粉350克、牛肉馅250克、荸荠100克、洋葱30克、酵母8克。

调料：A.姜末、料酒、酱油、咖喱粉、盐。B.酱油、醋、香油。

做法

1.荸荠、洋葱洗净切碎；将调料A拌入牛肉馅内搅匀。

2.将鲜酵母溶解在水中，倒入面粉盆内和成面团，搁置15分钟；将面团与肉馅包成约7个包子。

3.在微波炉专用蒸笼内倒入适量水，摆入包子，加盖后以微波高火加热7分钟即可。

4.取出后蘸调料B做成的酱汁食用即可。

贴·心·小提示

沿着盘边摆上一层卷心菜，可以跟包子一起放进微波炉里蒸。

海南鸡饭

材料：鸡腿1只、米饭100克。

调料：植物油、葱、蒜、姜片、料酒、盐、高汤。

做法

1.葱和蒜切成末，取一半放入植物油内，用高火加热2分钟，将米饭与爆香的葱、蒜混匀。

2.鸡腿在沸水里焯一下，加入料酒、葱、姜及适量水，用微波中火加热10分钟，鸡汤留用。

3.将鸡汤、料酒、盐、葱末和蒜末搅匀，用高火加热3分钟。

4.将拌好的米饭放入盘内，摆入剁成块的鸡腿，蘸做法3的汤汁食用。

贴心小提示

做海南鸡饭时，加热鸡腿不能用高火，取出后泡至汤汁稍凉为好。

鳗鱼奶油拌饭

材料：米饭200克、烤鳗鱼80克、洋葱25克、芹菜适量。

调料：奶油、盐。

做法

1.将鳗鱼去头，切成块备用。

2.芹菜洗净剁碎，洋葱洗净切成块备用。

3.在容器内放入洋葱块，加入奶油，加盖，用高火加热1分20秒。

4.再将米饭、鳗鱼和盐放入拌匀，加盖，用高火加热3分钟，撒上芹菜末即可。

贴心小提示

芹菜有两种，一种是香芹，一种是西芹。香芹是天然的降压药，其药性较强，可榨成汁喝下去。

珍珠饭团

材料：猪肉馅250克、糯米100克、鸡蛋1个。

调料：酱油、葱、淀粉、香油、黄酒、姜、盐。

做法

1. 糯米淘洗干净，泡12小时，取出后沥干。
2. 葱、姜洗净切末，与酱油、黄酒、淀粉、盐和鸡蛋一同拌入肉馅内，做成肉圆子。
3. 肉圆子表面均匀滚上一层糯米，摆入盘中，覆盖保鲜膜扎孔，用高火加热8分钟。
4. 然后放入蒸笼里加热10分钟，取出后淋上香油即可。

贴心小提示

这款珍珠饭团色泽白嫩，圆子绵软，很受小朋友们欢迎！

桂花果脯饭

材料：糯米250克、果脯100克、豆沙馅100克、葡萄干50克。

调料：白糖、猪油、桂花。

做法

1. 糯米淘洗干净，放入容器，加水200毫升，浸泡一小时，用高火加热8分钟，趁热拌入猪油、白糖及桂花。
2. 取一容器，在容器壁内抹上一层猪油，将果脯、葡萄干按照自己喜爱的图案摆满碗底，取一半糯米放入。
3. 抹上一层豆沙馅后，将余下的糯米倒入，放进蒸笼内用高火蒸3分钟。
4. 取出倒扣在盘中即可。

贴心小提示

如果有多余的桂花，可以拿来与水淀粉和糖一同做成糖汁，浇在饭上。

汤包

材料：猪肉馅800克、面粉250克、肉皮150棵。

调料：黄酒、葱、姜、砂糖、盐、白胡椒粉、高汤、植物油。

做 法

1.肉皮用沸水烫一下，捞出用温水洗净，放入炖锅内加水用高火加热15分钟，取出后剁碎待用。

2.肉馅中加入碎肉皮及所有调料。

3.将面粉倒入盆内，和成面团，制成小面坯，擀成皮，包入馅料。

4.在器皿中抹上植物油，放入汤包，覆盖保鲜膜扎孔，用高火加热10分钟。

贴心小提示

北方人喜欢用汤包蘸醋吃，您可依照个人口味选择蘸料。

肉酱炒饭

材料：蘑菇100克、洋葱半个、胡萝卜1个、番茄1个、黄瓜1根、米饭200克。

调料：肉酱、黄油、高汤、番茄汁、红辣椒粉、干酪粉、胡椒粉、盐。

做 法

1.将蘑菇、洋葱洗净切片，胡萝卜、黄瓜、番茄洗净切粒备用。

2.黄油放入饭煲内，用高火加热6分钟，加入做法1中的材料，加盖，用高火加热2分钟。

3.倒入米饭、高汤、肉酱、番茄汁、红辣椒粉拌匀，用高火加热16分钟。

4.取出晾5分钟，撒上干酪粉、盐和胡椒粉拌匀即可。

贴心小提示

这道饭色彩艳丽，配料多样，清鲜味美。

牛肉滑蛋粥

材料：牛肉150、米饭100克、香菇2朵、芹菜少许、鸡蛋1个。

调料：盐、味精、酱油、高汤、胡椒粉、植物油。

做法

1.香菇洗净切丝，芹菜洗净剁碎；将蛋清和蛋黄分离出来；牛肉洗净切丝，用蛋清、盐、味精腌渍20分钟。

2.牛肉丝、香菇丝和植物油一同放入微波炉内用高火加热3分钟。

3.把盐、味精、酱油和高汤调成汁，用高火加热5分钟，加入米饭和牛肉丝、香菇丝，用高火加热10分钟。

4.加入蛋黄，回炉用高火加热1分钟，撒上胡椒粉、芹菜末即可。

熏肉通心粉

材料：通心粉200克、熏猪肉4片、洋葱1个、鸡蛋2个。

调料：干酪粉、红辣椒粉、盐、胡椒粉、植物油。

做法

1.将通心粉放入沸水中，加盐，用高火加热3分钟，取出后沥干。

2.洋葱洗净剁碎，将植物油倒入容器内，用高火加热4分钟，加入熏猪肉、洋葱末爆成金黄色。

3.倒入通心粉拌匀，再撒上干酪粉和胡椒粉，用高火加热3分钟。

4.将鸡蛋打散，拌入通心粉内搅匀，用高火加热1分钟即可。

贴·心·小提示

此粉色泽金黄，香醇微辣。不吃辣的朋友们可以用番茄酱替代红辣椒粉，味道也不错。

炒花生

材料：花生仁400克。

调料：盐。

做法

1.花生仁快速洗净,不能多泡水。

2.在花生仁即将晾干时加入盐拌匀，平铺在平盘内，放进微波炉中以高火加热4分30秒，取出晾透即可。

贴心小提示

如果花生仁不脏，可以不用洗。另外，喜欢原味花生仁的朋友，做的时候不加盐即可！

炒白果

材料：白果。

做法

1.先用核桃钳将白果夹开口。

2.将白果放进容器内，滴上少许水。

3.加盖密封，以微波高火加热1分钟。

4.剥出白果熟肉即可食用。

贴心小提示

除了直接吃炒白果外，也可用这方法剥出白果肉，作为做其他菜肴的材料。当白果放在微波炉内加热时，听到有的白果有轻微爆裂声，不必害怕，力量很小 。

蛋奶羹

材料：鸡蛋1个、鲜奶3/4杯。

调料：砂糖、姜汁适量。

做法

1. 鸡蛋和砂糖一同拌匀。
2. 将鲜奶及姜汁一同拌入蛋液中。
3. 将过滤的蛋液倒入深锅中，加盖后用中火加热3分钟取出。
4. 放置5分钟后，再用中火加热30秒，即可。

贴心小提示

蒸蛋奶羹一定要隔水蒸，这样蒸汽才不会钻进蛋液里形成气孔。不过在蛋液中放少许白醋，不加盖也有同样的效果

豆浆

材料：黄豆100克。

调料：冰糖。

做法

1. 黄豆洗净，用冷水浸泡一夜，沥干水分。
2. 往搅拌机内注入500毫升水，将黄豆放入磨碎。
3. 榨出豆奶，再用500毫升水和豆渣放在搅拌机内搅拌，再次榨出豆奶。
4. 把豆奶和冰糖拌匀，加盖，用微波高火加热6分钟即可。

贴心小提示

豆浆晾凉后味道也不错，夏季可以多做一些放进冰箱里，多喝豆浆对人体好处很多!

芋味西米露

材料：西米 100 克、芋头 100 克、鲜奶 150 克。

调料：冰糖、椰汁。

做 法

1.西米洗净，芋头去皮洗净切粒。

2.清水放入冰糖，用深底容器盛载，加盖，用高火加热 5 分钟。

3.做法 2 加入西米和芋头粒，用中火加热 20 分钟。

4.取出后倒入鲜奶和椰汁拌匀即可食用。

贴心小提示

1.吸满牛奶的西米非常美味，喝的时候最好能将西米露倒入漂亮的玻璃容器中。

2.也可将西米露晾凉后放入冰箱冷冻，味道也不错。

莲子红豆沙

材料：红豆 100 克、莲子 25 克、果皮 1 片。

调料：冰糖。

做 法

1.红豆洗净，用热水浸过夜。

2.果皮洗净浸软。

3.水和冰糖同放容器内，加盖，用微波高火加热 6 分钟。

4.加入红豆、果皮和莲子，用中火加热50分钟，再转高火加热30分钟即可。

贴心小提示

教大家一个小窍门，把红豆放入暖水瓶内，用不了一夜就能将红豆泡好。

马蹄冻糕

材料：马蹄150克、杂果100克、马蹄粉15克、蔗汁250毫升。

调料：冰糖。

做法

1.马蹄去皮，洗净切粒。

2.碎马蹄、马蹄粉一同放容器内，加入200毫升水和冰糖，加盖，用高火加热8分钟。

3.将杂果与蔗汁一同拌入做法2的容器中。

4.把做法3的材料倒在模具内，晾凉后冷冻30分钟即可。

贴心小提示

有兴趣的朋友可以自行加入椰汁或牛奶等，尝试一下，味道也很不错。

威化沙拉

材料：鲜虾100克，芒果1个，西芹25克，威化纸10块，鸡蛋1个，面包糠、沙拉酱、玉米粉各少许，香菜1棵。

调料：植物油、蒜末、盐、胡椒粉。

做法

1.虾去壳去肠线，洗净，抹干水分，用蒜末、盐和胡椒粉腌制片刻。

2.将鸡蛋打散，芒果洗净，西芹洗净切条，香菜摘叶洗净备用。

3.每块威化纸包1只虾、1条芒果条、1条西芹和半茶匙沙拉酱，然后各蘸上玉米粉和蛋液，贴上1片香菜叶，再蘸面包糠。

4.取一容器，倒入植物油，用微波高火加热4分钟，将沙拉放入炸成型即可。

贴心小提示

威化纸可用来制作甜品、中式点心、海鲜菜式甚至酥皮汤的酥皮。了解了威化纸的特质，便可用来创制各种菜式。

炒年糕

材料：年糕 250 克、白菜 200 克、五花肉 100 克、香菇 3 朵、海米少许、红辣椒 1 个。

调料：盐、酱油、白糖、白胡椒粉、植物油。

做 法

1.年糕用温水浸泡半小时后，取出切成斜片。

2.白菜、香菇洗净切丝；五花肉洗净切片；海米洗净泡软；红辣椒洗净切成小段备用。

3.取一容器，倒入植物油，放入除年糕以外所有原料，加盖，用高火加热 3 分钟。

4.再加入盐、酱油、白糖、白胡椒和水，倒入年糕后拌匀，加盖，用高火加热 10 分钟。

贴心小提示

这道点心用到了年糕，所以加热中要勤于搅拌。

蟹型豆沙饼

材料：面粉300克、豆沙馅150克、酵母 5 克。

调料：色拉油。

做 法

1.将酵母加温水搅匀，调成糊状，倒入面粉后揉成面团，制成小坯。

2.用擀面杖将面坯擀成中间厚、周边薄的圆皮，放入豆沙馅，盖上一张圆皮，卷边包成蟹型饼。

3.烤锅内倒入色拉油，用高火加热 15 分钟。

4.将蟹型饼逐一投入，炸成金黄色即可捞出装盘。

贴心小提示

这道点心外形美观，酥香甜脆，但要注意不要将面和得太软，否则不容易擀皮。

附录1：微波炉用处多多

1.食物烹调　利用微波炉进行食物烹调既方便又快捷。微波能达到食物深度范围内，表里同时受热，因此烹调时间明显缩短，烹调速度快。当今的社会，紧迫繁忙的学习和工作中，微波炉的效能更能发挥作用。

2.食物解冻　自然解冻的过程是由表及里进行的，速度慢。利用微波炉解冻，可在微波所能达到的深度范围内表里同时受热解冻，速度快。微波炉从设计上保证了在解冻食物时，能最大限度地限制微生物繁殖，保持食物原有的新鲜品味。

3.食物二次加热　这是一般消费者使用微波炉感到最实惠、最方便之处。对熟食、剩饭、方便食品、微波炉专用食品等进行再加热，只需几分钟或几十秒即可。

4.食物干燥、脱水、保鲜　微波炉加热食品能大量蒸发水分，利用此原理，可对一些食物进行干燥或脱水处理，以达到防霉变或长期保存的目的。果菜旺季的时候，可以用微波炉将你喜爱的一些果菜，如：豇豆、茄子、雪菜、萝卜片、菠萝片、苹果片、蘑菇等保鲜。对于剩菜，为防变质可同盛放的器皿一起经微波炉加热几分钟，冷却后再放入冰箱保存，可相对增加保鲜保质时间。

5.杀菌消毒　食具除金属制品和烧有金边的瓷器以外，均可置于微波炉内加热，作消毒杀菌处理，既方便又彻底。对餐具消毒，应将其浸泡在水中或包裹在湿毛巾里进行；如对书籍消毒，最好在炉腔中同时放一杯水，且严格掌握加热时间，防止纸张焦黄；对衣物消毒，应在衣物上洒点水，既可提高消毒效果又可防止衣物烧焦。

附录2：微波炉烹饪高招

1.妙用铝箔纸　鸡翅尖、鸡胸或鱼头、鱼尾部或蛋糕的角端等易于烹调过度的部位，用铝箔纸遮裹可达到烹调均匀的目的。

2.妙用器皿盖或保鲜膜　蒸、煮、炖食物和炒蔬菜时，为保持食物原汁原味，防止水分过多蒸发，加快烹饪速度，可使用留有气孔的器皿盖或保鲜膜（用竹签扎破膜、纸），防止加热时食物水汽过多发生爆裂。

3.妙用纸巾、纱布　烘烤面包、饼干或粘有面包屑的鸡肉片、猪肉片时，用纸巾垫在食物底下，可起到保持食物表面干燥、松脆的作用。做馒头、糕点时可用湿纱布或纸巾封盖或包卷，以防水分蒸发。

4.搅拌、翻转　中途对汤类搅拌，对肉片、牛排翻转或对相互重叠较严重的食品进行重置，有助于增强烹饪效果。

5.再次调味　在加热结束时，把食物搁置一段时间或对一些食品添配一些作料（如烹饪家禽肉类后，可浇上乳化的油或调味汁，再撒些辣椒粉、面包屑等），可达到加热不能做到的满意效果。

6.扎孔　烹调鸡肉时，要注意先在鸡皮上戳几个孔，并将鸡皮一面朝下放置。

7.妙做米饭　用微波炉煮饭比一般器皿煮饭所需水分少，但不会夹生。若想使饭更松软，可以将大米在水中泡1小时。煮出来的饭如果太烂，可以继续加热，太硬则可加水继续煮。

附录 3：微波炉使用禁忌

1.忌使用封闭容器　加热液体时应使用广口容器，因为在封闭容器内加热食物产生的热量不易散发，使容器内压力过高，易引起爆炸。

2.忌用普通塑料容器及金属器皿　热的食物会使普通塑料容器变形，并且普通塑料会释放出有毒物质，污染食物，危害人体健康；微波炉在加热时会与放入炉内的铁、铝、不锈钢等金属器皿产生电火花并反射微波，既损伤炉体又加热不熟食物。

3.忌把密封的罐装食品、瓶装食品，以及带壳食物直接放在炉内加热　加热罐装食品、瓶装食品时，必须先打开盖，以免加热后胀破，发生危险；在煎煮带壳食物时，要事先将壳刺破，以免加热后引起爆裂、飞溅弄脏炉壁，甚至溅出伤人。

4.忌使用微波炉油炸食品　因高温油会发生飞溅导致火灾。（如不慎引起微波炉内起火，应先关闭电源，待火熄灭后再打开炉门降温）

5.忌将加热至半熟的肉类食品再用微波炉加热　因为半熟的肉类食品中细菌仍会生长，再次用微波炉加热时，由于时间短，不可能将细菌全部杀死。

6.忌将已经用微波炉解冻过的肉类再次冷冻　肉类在微波炉中是用低温加热解冻后，在此温度下细菌是可以繁殖的，再冷冻虽然可使活菌停止繁殖，却不能将其杀死。已经用微波炉解冻的肉类，如果要放入冰箱冷冻，必须加热至全熟。

7.忌超时加热　放入微波炉解冻或加热的食品，如果忘记取出，时间超过 2 小时，就应丢掉不要，以免引起食物中毒。

8.忌用物品覆盖微波炉上的散热口　如果散热口被覆盖，不便于微波炉散热，从而使微波炉的热效率大大降低。

9.忌长时间在微波炉前工作　开启微炉后，人应远离微波炉（至少应距离微波炉 1 米之外）。

附录4：什么决定微波烹调时间

1.食物的大小和数量　较大件的食物，需时较长。在切割食物时，食物的大小、形状应相近，放置食物时，亦应尽量减少太多的重叠，这样不但可以减少烹煮的时间，食物也会熟得较为均匀。此外，若食物量增加，煮食的时间也应相应地延长。一般而言，若食物量增加了一倍，烹煮的时间也应增加一半，比如烹煮50克鸡翅，需时1分钟，若增加至100克，煮食时间则应为1分30秒。

2.食物的含水量、脂肪量和骨骼量　由于水分和脂肪吸热较快，故此含水分较多的食物，如新鲜的鱼类、肉类和蔬菜等烹煮所需的时间亦较短；肉质肥瘦均匀，不但处理快捷省时，烹煮后肉质也较嫩滑可口，若肉类肥瘦不均，由于肥肉和骨骼的传热较快，接近肥肉和骨骼的肉便较其他部分的肉易熟，因此在烹煮时，可以先用铝箔纸盖着有骨或肥肉的部分，烹煮一会再除去铝箔纸，再烹煮至熟。

3.食物的密度　越是疏松和密度较低的食物，所需的烹煮时间便越短。例如同等重量的鱼块和猪排，由于鱼的纤维密度较低，烹煮的时间便较猪排少。

4.食物烹煮前的温度　食物在烹煮前的温度越低，所需的烹煮时间便越长。因此，一片刚从冰箱取出的肉，烹煮时间长于一片与室温相近的肉。

图书在版编目(CIP)数据

家庭百分百.第1辑／《家庭百分百》编委会编.
郑州：大象出版社，2005.1
ISBN 7-5347-3657-9

Ⅰ.家... Ⅱ.家... Ⅲ.生活－知识
Ⅳ.TS976.3

中国版本图书馆CIP数据核字（2004）第138992号

责任编辑：达　向
项目总监：赵卫平
编辑统筹：石艳芳
文图编辑：戈福生　石艳芳
美术编辑：王道琴
版式设计：赵天飞
装帧设计：夏　鹏
文图统筹：人人美食工作室
撰　　稿：安　赫　　摄　　影：王　旭
菜肴制作：张兴隆（北京香渝厨餐饮有限公司行政总厨）
　　　　　广　邹　王　勇（北京香渝厨餐饮有限公司厨师）
协助拍摄：北京香渝厨餐饮有限公司

《家庭百分百》微波美食

出　版／大象出版社
（郑州市经七路25号附12号）
制　作／日知图书（www.rzbook.com）
印　刷／北京外文印刷厂
发　行／大象出版社发行科北京办事处
（010）82083938/82082775/82083098

开　本／32开（787×1092）
印　张／4印张
字　数／30千字
版　次／2005年1月第1版
印　次／2005年1月第1次印刷
印　数／1-10000册

定　价／1280元（全100册）每册12.8元